1 fr. 25 le volume

ŒUVRES COMPLÈTES D'HECTOR MALOT

LE
SANG BLEU

PARIS

EN VENTE A LA MÊME LIBRAIRIE

EN COURS DE PUBLICATION

ŒUVRES COMPLÈTES D'HECTOR MALOT
à 1 fr. 25 le volume

Le Lieutenant Bonnet	1 vol.	Les Millions Honteux	1 vo.
Suzanne	1 —	Le docteur Claude	2 —
Miss Clifton	1 —	Le Mari de Charlotte	1 —
Clotilde Martory	1 —	Conscience	2 —
Marichette	2 —	Justice	1 —
Pompon	1 —	Les Amants	1 —
Un Curé de Province	1 —	Les Époux	1 —
Un Miracle	1 —	Les Enfants	1 —
Romain Kalbris	1 —	Les Amours de Jacques	1 —
La Fille de la Comédienne	1 —	La Petite Sœur	2 —
L'Héritage d'Arthur	1 —	Une Femme d'Argent	1 —
Le Colonel Chamberlain	1 —	Les Besogneux	2 —
La Marquise de Lucillière	1 —	Une Bonne Affaire	1 —
Ida et Carmelita	1 —	Mère	1 —
Thérèse	1 —	Mondaine	1 —
Le Mariage de Juliette	1 —	Un Mariage sous le second Empire	1 —
Une Belle-Mère	1 —	La Belle Madame Donis	1 —
Séduction	1 —	Madame Obernin	1 —
Paulette	1 —	Paulette	1 —
Bon Jeune homme	1 —	Micheline	1 —
Comte du Pape	1 —	Le Sang-Bleu	1 —
Marié par les Prêtres	1 —	Baccara	1 —
Cara	1 —	Un Beau-Frère	1 —
Raphaelle	1 —	Zyte	1 —
Duchesse d'Arvernes	1 —	Ghislaine	1 —
Corysandre	1 —	Mariage riche	1 —
Anie	1 —	Complices	1 —
Vices français	1 —		

IMPRIMERIE E. FLAMMARION, 26, RUE RACINE, PARIS.

LE
SANG BLEU

OUVRAGES DE HECTOR MALOT

COLLECTION GRAND IN-18 JÉSUS

LES VICTIMES D'AMOUR : LES AMANTS, LES ÉPOUX, LES ENFANTS	3 vol.	SANS FAMILLE	2 vol.
LES AMOURS DE JACQUES	1 —	LE DOCTEUR CLAUDE	1 —
ROMAIN KALBRIS	1 —	LA BOHÈME TAPAGEUSE	3 —
UN BEAU-FRÈRE	1 —	UNE FEMME D'ARGENT	1 —
MADAME OBERNIN	1 —	POMPON	1 —
UNE BONNE AFFAIRE	1 —	SÉDUCTION	1 —
UN CURÉ DE PROVINCE	1 —	LES MILLIONS HONTEUX	1 —
UN MIRACLE	1 —	LA PETITE SŒUR	2 —
SOUVENIRS D'UN BLESSÉ : SUZANNE	1 —	PAULETTE	1 —
SOUVENIRS D'UN BLESSÉ : MISS CLIFTON	1 —	LES BESOIGNEUX	2 —
LA BELLE MADAME DONIS	1 —	MARICHETTE	2 —
CLOTILDE MARTORY	1 —	MICHELINE	1 —
UNE BELLE-MÈRE	1 —	LE SANG BLEU	1 —
LE MARI DE CHARLOTTE	1 —	LE LIEUTENANT BONNET	1 —
L'HÉRITAGE D'ARTHUR	1 —	BACCARA	1 —
L'AUBERGE DU MONDE : LE COLONEL CHAMBERLAIN, LA MARQUISE DE LUCIL- LIÈRE	2 —	ZYTE	1 —
		VICES FRANÇAIS	1 —
		GHISLAINE	1 —
		CONSCIENCE	1 —
L'AUBERGE DU MONDE : IDA ET CARMELITA, THÉRÈSE	2 —	JUSTICE	1 —
		MARIAGE RICHE	1 —
		MONDAINE	1 —
MADAME PRÉTAVOINE	2 —	MÈRE	1 —
CARA	1 —	ANIE	1 —
		COMPLICE	1 —
		EN FAMILLE	2 —

Mme HECTOR MALOT

FOLIE D'AMOUR......... 1 vol. | LE PRINCE........... 1 vol.

ÉMILE COLIN — IMPRIMERIE DE LAGNY

LE
SANG BLEU

PAR

HECTOR MALOT

PARIS
ERNEST FLAMMARION, ÉDITEUR
26, RUE RACINE, PRÈS L'ODÉON

Tous droits réservés

LE SANG BLEU

PREMIÈRE PARTIE

I

Un haut mur tout couvert de fougères, de ravenelles, de gueules-de-loup, de rosiers sauvages; et au-dessus de ce mur les combles mansardés et les cheminées d'un grand bâtiment en retour d'équerre, c'est tout ce que le passant voit de l'hôtel de Colbosc, le plus noble, à coup sûr, par l'importance et le style de sa construction, des vieilles maisons de Condé, mais, à coup sûr aussi, le plus délabré.

Bâti sous Louis XIII, à l'époque où la noblesse féodale abandonnait ses châteaux pour venir chercher dans les villes le bien-être et les plaisirs du monde, il n'a point, depuis lors, changé de maître : un Colbosc l'a construit, une descendante des Colbosc l'habite encore.

Et c'est là ce qui a amené son délabrement et sa

ruine : pour Jean de Colbosc, qui avait fait la guerre de religion, Condé-le-Châtel était un lieu où se trouvaient les commodités de la vie et les distractions qu'il pouvait souhaiter dans son âge mûr; mais à Louis, petit-fils de Jean, Condé n'avait plus suffi, il lui avait fallu la cour de Versailles; à René, fils de Louis, celle du Palais-Royal; à Philippe, fils de René, celle de Trianon. Aucun d'eux n'était revenu à Condé qu'en passant, et par hasard, n'étant pas d'humeur à habiter une petite ville.

Pendant cette longue suite d'années, le temps avait accompli son œuvre; tandis que les mousses rongeaient les ardoises du toit et que les lichens s'incrustaient aux couronnements des cheminées, à l'intérieur les mites dévoraient la laine des tapisseries tendues sur les murs, et les vers, que personne ne troublait dans leur silencieuse besogne, trouaient les boiseries qui, grain à grain, s'émiettaient sur les carreaux et sur les meubles.

L'hôtel pourtant n'était pas abandonné, mais les gardiens que les Colbosc y entretenaient n'avaient rien pu pour son entretien. Parfois sous la menace d'un effondrement, après une tempête ou un hiver de neige, ils avaient écrit à Paris pour signaler aux maîtres les réparations urgentes, mais jamais les maîtres n'avaient répondu, jamais les réparations demandées n'avaient été faites; ceux de ces gardiens qui avaient un peu de courage avaient bouché les trous de la toiture avec des planches, ou cloué sur des croix les volets qui menaçaient de s'arracher de leurs ferrures rouillées.

C'était seulement sous l'empire qu'un Colbosc était revenu à Condé ; mais celui-là n'était guère en situation de remettre à neuf la vieille maison : il rentrait de l'exil ruiné et découragé, avec une femme aussi pauvre que lui et deux enfants en bas âge. De la fortune des Colbosc il ne restait que cet hôtel, et, avant de penser à appeler les ouvriers pour le réparer, il fallait vivre, — ce qui n'était pas facile.

Mais l'exil avait eu au moins cela de bon pour lui qu'il lui avait mis un métier aux mains : au moment même où le duc d'Orléans se faisait maître d'école à Reichenau, le marquis de Colbosc se faisait ouvrier menuisier à Zurich. Installé à Condé, il avait repris en cachette son ancien métier, et alors il s'était passé un fait extraordinaire qui pendant quelques mois avait été le sujet de curiosité des badauds de la ville : sans qu'il entrât jamais un ouvrier dans l'hôtel, les vieux volets pourris étaient remplacés par des neufs, à l'intérieur les trous des parquets étaient bouchés. Un matin d'été, au petit jour, on avait eu enfin l'explication de ce mystère : deux bourgeois attardés à un dîner de noces, qui rentraient chez eux, avaient aperçu dans le gris vaporeux de l'aube deux hommes en train d'accrocher une persienne neuve à une fenêtre des combles de l'hôtel ; l'un était M. Benoît, valet de chambre, et l'autre n'était rien moins que le très haut et très puissant Jean-Odier-Héribert Besnard, marquis de Colbosc, baron de Hongreville, vicomte de la Valasse, seigneur des châtellenies, terres et seigneuries de la Haie-Bueil, le Visquenel, Brestot, Ramtot, Fictot et autres lieux, mestre de camp d'un régiment de cavalerie, chevalier des ordres du roi, etc., etc., — lequel très haut et très puissant seigneur s'enfermait dans sa cave pour travailler à la menuiserie.

Si l'empire avait duré dix années de plus, l'hôtel eût été entièrement réparé, mais la Restauration enleva le marquis à ses travaux mystérieux et du menuisier en cave fit un pair de France.

De nouveau les pluies, les gelées et les vents, les souris, les rats, les vers et les mites reprirent leur œuvre de destruction et la continuèrent dans une parfaite tranquillité jusqu'au jour où une nouvelle révolution, celle de Juillet, ramena le marquis de Colbosc à Condé ; mais, pendant les quinze années passées dans son fauteuil du Luxembourg, il avait perdu ses bras de menuisier, et, cette fois, il n'avait plus été question de réparations. On s'était donc installé comme on avait pu ; après tout ce n'était qu'un campement, un temps à passer ; il n'y avait qu'à attendre : bientôt on rentrerait à Paris avec le roi.

La mort avait abrégé l'attente pour le marquis aussi bien que pour la marquise, et leurs fils avaient continué de vivre dans leur hôtel comme y avaient vécu leurs parents, petitement, médiocrement. Où auraient-ils été ? Qu'auraient-ils fait sans un sou de patrimoine ? Où auraient-ils trouvé le respect qui, à Condé, entourait leurs noms d'une auréole ? Eux aussi avaient attendu.

Il avait fallu vingt ans pour qu'une défaillance se produisît et pour que le plus jeune des deux frères, las d'une misère qui semblait ne devoir finir jamais, se décidât à épouser une femme qui n'était pas née, la fille de bourgeois enrichis.

Quant à l'aîné, il était resté digne de ses pères, aussi ferme dans ses espérances que dans sa foi, et à quarante-cinq ans il avait pris une cousine de la branche des Colbosc-Faugernon, sans beauté, sans agréments d'aucune sorte, sans fortune, mais qui comme lui mettait au-dessus de tout la naissance, ce qu'ils appelaient — la qualité.

Jamais époux n'avaient été mieux assortis; la misère de l'un n'avait rien à reprocher à la misère de l'autre : mêmes regrets, mêmes espérances, même orgueil, même dédain ; aussi malgré le caractère impérieux et dur de la femme, malgré son humeur difficile, ses susceptibilités et ses espérances, ce mariage avait-il été heureux, et restée veuve, avait-elle sincèrement pleuré son mari.

Tout autre à sa place eût vendu l'hôtel pour vivre avec le prix de cette vente. Elle avait voulu le garder. Qu'eût-elle été sans son hôtel? Tant qu'elle passerait sous ses armes sculptées dans le linteau de la porte cochère de son hôtel elle serait une Colbosc et personne ne verrait en elle la misérable qu'elle était réellement.

Ce raisonnement qui avait fait hausser les épaules à son beau-frère, — le mal marié, — s'était trouvé juste pour le public. Par cela seul qu'elle habitait l'hôtel des Colbosc, elle avait droit à ce sentiment de vague respect qu'on était habitué à accorder aux représentants de ce grand nom quels qu'ils fussent, car il n'y avait que les étrangers qui pouvaient croire que ce vieil hôtel allait s'effondrer : pour les gens du pays il était ce qu'il devait être : vieux parce qu'il était noble, et d'autant plus noble qu'il était plus vieux.

C'était le prestige de cette ruine qui avait mis la marquise à l'abri des outrages de la misère. Dans un petit appartement elle eût été abandonnée ; dans son hôtel, tous ceux qui avaient été en relations avec elle continuèrent à la voir et à la visiter. Et ce n'était pas des petites gens, d'anciens clients, des fournisseurs retirés des affaires, des bourgeois, fiers d'être reçus chez une marquise, mais tout ce qui tenait la tête du pays par la naissance et le rang, si non par la fortune : le comte de la Roche-Odon, le marquis de Courtomer, le comte O'Donoghue, descendant des rois d'Irlande, le baron M'Combie, héritier des rois d'Écosse ; les seules personnes non titrées qui fussent reçues étaient celles chez lesquelles le caractère sacré dont elles étaient revêtues tenait lieu de noblesse : l'évêque, les vicaires généraux, le curé de Saint-Étienne et quelques chanoines.

Vainement le président du tribunal, M. Bonhomme de la Fardouyère, qui cependant prétendait descendre de la famille de la sainte Vierge, avait tout fait pour franchir cette porte que défendait l'écusson des Colbosc ; elle était restée fermée devant lui, et le mercredi qui était le jour de réception de la marquise, il avait la mortification, lorsqu'il rentrait de l'audience, de voir devant cet hôtel misérable des équipages alignés qui ne s'arrêtaient jamais devant le sien : le vieux carrosse avec les grands laquais poudrés du comte de la Roche-Odon, les chevaux de pur sang du marquis de Courtomer.

Ces jours-là, malheur aux plaideurs qui attendaient son retour; c'était eux qui payaient les blessures que l'orgueil du président venait de recevoir. S'il les écoutait, c'était en pensant à la marquise. Ne la verrait-il donc jamais dans ce salon, s'inclinant tout bas en sollicituese, lui demandant des délais qu'il lui accorderait... mais en mettant le prix à sa protection. Cent fois il avait cru que cette espérance allait se réaliser, car, par les fournisseurs de la marquise qui étaient aussi les siens et qu'il daignait faire causer, il connaissait la détresse de cette folle d'orgueil... Comment paierait-elle les huit cents francs qu'elle devait à son boulanger? la note de son boucher qui s'élevait à deux cents francs? celle du charcutier qui montait à neuf cents francs? Est-ce vraisemblable qu'on dût neuf cents francs à un charcutier! Pendant combien d'années elle et sa fille s'étaient nourries de saucisses et de cervelas!

Cependant la marquise avait toujours payé, ou plutôt des fournisseurs s'étaient payés eux-mêmes; le charcutier en emportant une horloge allemande du seizième siècle qu'il avait vendue douze cents francs, ce qui lui avait permis d'ouvrir un nouveau compte à madame de Colbosc; le boulanger en s'emparant, de haute lutte, d'un coffret en fer richement ouvragé et rehaussé de belles gravures; le boucher en déménageant un lot de poteries de grès de Flandre dans lequel il y avait des pièces magnifiques.

Rien ne l'eût décidée à vendre directement un objet

quelconque de son mobilier ; mais de guerre lasse, elle se résignait à laisser emporter par un fournisseur insolent ou suppliant une pièce que celui-ci allait vendre. C'était ainsi que tout ce qui garnissait l'hôtel avait été successivement déménagé morceau à morceau, jusqu'aux portes avec leurs chambranles sculptés, jusqu'aux plaques de foyer en fonte de fer ornées des écussons aux armes de France, jusqu'aux landiers en fer forgé qui portaient en écusson le casque des Colbosc autrefois bardé et damasquiné d'or, taré de front et fermé de onze grilles.

Mais quand l'hôtel s'était trouvé vide et qu'il n'était plus resté de meubles que dans le salon où la marquise recevait ses amis, de tous ses fournisseurs madame de Colbosc n'avait conservé que le boulanger, les autres avaient été remerciés et n'avaient point été remplacés. Le samedi seulement, qui était le jour de marché, on voyait un paysan entrer à l'hôtel, portant sur sa tête une manne chargée de légumes au milieu desquels on apercevait une motte de beurre ou bien une volaille, ou bien une pièce de gibier : et, comme ce paysan était au service du comte de Colbosc, on en avait conclu dans la ville que c'était celui-ci qui nourrissait sa belle-sœur et sa nièce, — en ménageant leur fierté, bien entendu, et en offrant, ce qui était bien naturel, les légumes et les fruits de sa terre de Ramtot.

II

Si madame de Colbosc acceptait les fruits et le gibier de son beau-frère, il s'en suivait pas qu'elle acceptât son mariage; si e... le voyait, elle ne voyait pas sa femme; si elle permettait à sa fille d'aller tous les ans passer un mois au château de Ramtot, elle n'y allait pas elle-même.

Encore, cette permission ne l'avait-elle accordée que longtemps après qu'elle lui avait été demandée et redemandée. Quelle figure ferait sa fille dans une maison où l'on recevait une société des plus mêlées; quelques gens de qualité, il est vrai; mais surtout des bourgeois, des industriels enrichis, parents et amis de la comtesse, dont le père avait été un vulgaire fabricant de clous, d'Hannebault! Elle n'avait cédé que quand Hériberte avait grandi. Il était vraiment triste, le vieil hôtel de Condé, lugubre, pour une jeune fille qui aurait eu besoin autour d'elle de jeunesse, de gaieté, de brillant, de vivant, et qui n'avait que la poussière de la ruine et le froid de la misère. Puisqu'il était impossible de la conduire aux eaux et aux bains de mer, il fallait au moins la laisser aller chez son oncle, où pendant quelques semaines elle avait l'existence qui devrait être la sienne. On s'amusait au château de Ramtot, et il n'y avait guère de journées d'automne qui n'y fussent des journées de plaisir : on dansait, on chassait, on faisait de grandes promenades en voiture, des cavalcades à cheval, et Hériberte revenait de chez son oncle avec un air de gaieté et de santé, une fraîcheur et une vigueur qu'elle n'avait pas à Condé. Cela valait bien que la marquise passât sur la vulgarité ou le commun de ceux qui faisaient roses les joues de sa fille. Après tout, elle ne les connaissait pas, elle, et, partie de Ramtot, Hériberte ne les connaissait plus.

Un soir d'automne, madame de Colbosc attendait sa fille, qui depuis six semaines était au château de Ramtot. Ordinairement Hériberte ne passait pas plus d'un mois chez son oncle, mais cette année-là elle avait retardé son retour de trois jours d'abord, puis de huit, puis de douze, puis de quinze.

Elle avait écrit qu'on s'amusait à Ramtot, qu'il y avait de grandes chasses, qu'elle devait aller avec son oncle et sa tante au château de La Senevière, chez une sorte de parvenu appelé Guillaumanche, dont tout le monde parlait dans le pays et un peu partout, même dans les journaux parisiens, parce qu'il avait fait un héritage qui tenait du merveilleux, un tas de millions qu'un oncle en mourant lui avait laissés.

Les ombres du soir s'épaississaient, et, dans la cour de plus en plus noire, la marquise n'apercevait que quelques feuilles dorées par l'automne, que balançait sur le mur, comme des papillons jaunes, le vent du nord. Il était âpre ce vent; cependant il n'y avait pas de feu dans la cheminée du salon, pas plus qu'il n'y avait de bougie ou de lampe allumée. De temps en temps la marquise serrait autour de ses épaules le fichu de dentelle noire dans lequel elle s'enveloppait, et, quand le vent qui soufflait à travers la fenêtre, mal close, la frappait, elle remontait un peu son fichu pour se mettre à l'abri de ce courant d'air glacial.

Il y avait déjà longtemps que la nuit était faite et que dans le silence du soir on n'entendait plus que la sonnerie des heures aux clochers de la ville, quand une vieille servante poussa la porte du salon, portant à la main une petite lampe à pétrole.

— Si madame la marquise veut dîner, dit-elle, mademoiselle, pour sûr, ne rentrera pas.

— Qu'en sais-tu ?

— Elle revient d'ordinaire de bien meilleure heure.

— Elle a pu être retardée, j'attendrai encore.

La servante n'insista pas, et sortit en emportant sa lampe sans allumer une bougie, car la lumière à l'hôtel de Colbosc était un luxe que la marquise ne s'offrait que lorsqu'il y avait nécessité. A quoi bon une bougie allumée ou une lampe ! jamais elle ne travaillait à un ouvrage de femme; elle ne lisait que le jour; elle n'avait pas besoin de voir clair pour réfléchir. D'ailleurs, l'obscurité ne lui déplaisait point; dans la journée elle ne voyait que trop la misère de ce salon, ses boiseries vermoulues, ses tentures pelées, ses sièges boiteux ou manchots, ses meubles aux serrures disloquées, ses marbres écornés; tandis que dans l'ombre tous ces outrages ne la frappaient point, elle n'avait plus qu'une sensation vague de grandeur et de noblesse que lui donnait son immensité et la hauteur de son plafond à caissons sculptés; et alors elle pouvait oublier, elle pouvait rêver, sans que la triste réalité vint de suite couper les ailes à sa pensée et mettre l'amertume dans son cœur.

Et le sujet de ses pensées était toujours le même : le mariage de sa fille. Si, depuis dix ans qu'elle était en âge d'être mariée, Hériberte n'avait point encore trouvé de mari, en résultait-il fatalement qu'elle n'en trouverait jamais un ! A vingt-six ans, rien n'était désespéré. Si elle n'avait pas la fortune, elle avait la naissance. Il était impossible qu'un homme bien né lui-même ne vît pas ce qu'elle était, et ne sentît pas quelle femme elle serait. Et alors c'était la fin de cette vie misérable; c'était la maison de Colbosc relevée et Hériberte remontant au rang de ses ancêtres.

A ce moment, le trot d'un cheval et le roulement d'une voiture assourdis par l'épaisse couche de feuilles mortes qui couvraient la chaussée retentit au dehors, et madame de Colbosc vit la vieille Jeannette courir aussi vite que ses soixante-dix ans le lui permettaient vers la porte cochère, sa lampe à la main.

Mais avant qu'elle fût arrivée à la porte, un coup de marteau résonna, et, à la façon dont il fut frappé, madame de Colbosc reconnut sa fille.

III

La porte ouverte, une femme de grande taille, encapuchonnée dans un manteau de drap, la franchit vivement : c'était bien Hériberte.

Alors seulement la marquise quitta le salon, et en femme habituée à se diriger dans l'obscurité, vint à grands pas dans le vestibule où elle arriva en même temps que sa fille.

— Bonsoir, ma mère, dit celle-ci en lui prenant la main qu'elle baisa respectueusement, je vous demande pardon d'être en retard, nous avons eu un accident?

— Quel accident?

Mais ce ne fut pas Hériberte qui répondit. Derrière elle venait un paysan en longue blouse bleue, portant une manne sur son épaule; ce fut lui qui prit la parole.

— Je vas vous expliquer, madame la marquise, c'est la *Drogue* qui s'est déferrée, et alors vous comprenez, dans la saison que j'étons, on est vite anuité.

— Montrez donc votre bourriche à ma mère, dit Hériberte, qu'elle voie ma chasse.

— Oh! bien sûr, mademoiselle.

D'un air de bonne humeur, il déposa sa manne sur les dalles de marbre du vestibule, et écartant d'une rafle de main les fougères aux frondes jaunies, il prit une bourriche qu'il ouvrit, et alors apparurent deux beaux faisans, autour desquels étaient rangés un lièvre, des lapins et des perdrix grises.

— C'est chez votre oncle que vous avez tué ce gibier? demanda madame de Colbosc à sa fille.

— Non, c'est chez M. Guillaumanche, qui a des chasses superbes; nous avons passé trois jours à La Senevière...

Sa mère lui coupa la parole:

— Dînons, dit-elle sèchement, j'attends depuis longtemps.

Elles passèrent dans la salle à manger, et Hériberte ayant retiré son manteau et sa toque à plumes de lophophores, s'assit à table, vis-à-vis de sa mère.

S'il était vrai qu'elle n'eût pas une beauté éclatante, comme le disait sa mère, il était vrai aussi qu'elle avait plus que la noblesse et la distinction que celle-ci lui reconnaissait, mettant ces qualités au-dessus de toutes les autres, au point même de ne point apercevoir ses autres qualités : un visage d'une régularité parfaite, auquel on n'eût pu reprocher justement que d'être trop parfait; des cheveux d'un blond doré fins et soyeux; des grands yeux fauves profonds; une taille longue et flexible, qui aurait donné à sa démarche quelque chose d'onduleux et de félin si l'éducation n'avait pas corrigé la nature. Souple sa fille ! la marquise, qui était anguleuse, ne l'eût jamais toléré ; aussi lui avait-elle appris tout enfant à se tenir droite et raide ; c'était l'éducation aussi qui avait voilé la profondeur de son regard, mais l'éducation de la misère, bien plus que celle de sa mère, en imprimant sur ce visage froid une expression grave et mélancolique que n'égayait jamais un sourire.

Laissant le domestique du comte déballer le gibier et le suspendre dans le garde-manger, Jeannette s'était hâtée d'apporter une soupière sur la table et aussitôt elle était retournée dans sa cuisine, la mère et la fille auraient donc pu se parler librement. Cependant elles n'en firent rien, et ce fut en silence qu'elles se mirent à manger; la marquise, les yeux attachés sur son assiette toute pleine d'une soupe aux poireaux et aux pommes de terre très épaisse, quoique sans pain, Héribert en regardant sa mère de temps en temps comme si elle n'attendait qu'un mot ou qu'un signe pour reprendre l'entretien si brusquement interrompu.

Tandis que la marquise mangeait cette soupe de paysan avec appétit, en femme qui a attendu son dîner, c'était à peine si Hériberte en prenait à de longs intervalles une petite cuillerée.

Jeannette qui venait de rentrer dans la salle à manger, regardait sa jeune maîtresse.

— Mademoiselle ne la trouve pas assez affaitée, dit-elle d'un ton peiné, c'est que je n'avais plus de beurre : maintenant je peux en remettre ; je pourrais aussi préparer deux côtelettes de perdreau, cela sera vite fait.

— Ce n'est pas la peine, dit la marquise.

Et elle se servit une seconde assiettée de soupe aussi pleine que la première, qu'elle mangea avec le même appétit.

— Je vois que la femme de votre oncle vous a gâtée, dit-elle entre deux cuillerées ; vous n'avez plus faim pour la cuisine de Jeannette.

— Ce qui m'empêche d'avoir faim, c'est que notre déjeuner s'est prolongé tard.

— Le mien, qui a été aussi bref que sommaire, m'a permis d'avoir faim pour dîner.

Cependant, malgré cette faim qu'accusait madame de Colbosc, on ne servit rien après cette soupe, car c'était l'ordinaire de la maison, et rares étaient les jours où le dîner ne se composait pas uniquement d'une forte soupe aux légumes qui tenait lieu d'entrée de relevé et de rôti : on en mangeait une assiettée, deux assiettées, trois même quelquefois, et c'était tout ; il n'y avait que quand le comte envoyait de la volaille ou du gibier qu'un plat de viande paraissait sur cette pauvre table, plus misérable sous ce haut plafond et ses quatre murs nus que celle des plus petits boutiquiers de la ville.

IV

Cette salle à manger n'était point de celles qui portent à la causerie et où après dîner on met volontiers les coudes sur la table quand on ne se tasse pas dans un bon siège pour rester à bavarder librement à cœur ouvert. Il n'y avait point de bons sièges dans cette salle ; et la table n'était pas faite pour inspirer l'idée de s'accouder dessus, chancelante comme elle était.

Si le salon qui servait aux réceptions avait gardé son ameublement, dont à aucun prix la marquise n'avait voulu laisser enlever un seul meuble, même quand le pain manquait, la salle à manger, où depuis longtemps personne ne pénétrait plus, avait été peu à peu si complètement déménagée par les créanciers, pillée, grattée jusqu'au vif des murs dépouillés de leurs tentures et de leurs boiseries qu'il n'était resté que cette mauvaise table et trois ou quatre chaises boiteuses dont les plus âpres n'avaient pas voulu. A plusieurs reprises, Hériberte avait essayé de faire abandonner cette pièce immense où ces pauvres chaises dansaient, où le froid vous tombait sur les épaules et vous serrait le cœur dès qu'on avait fait deux pas sur ses grandes dalles de pierre verdies ; mais jamais elle n'avait réussi : la marquise tenait à cette salle comme elle tenait à son hôtel ; si celui-ci la faisait marquise de Colbosc pour le public ; celle-là lui gardait son prestige à ses propres yeux : elle était malgré tout ce qu'elle devait être, puisqu'elle ne reculait pas et n'abandonnait rien ; qu'importait le froid des dalles et le nu des murailles, elle ne sentait pas plus l'un qu'elle ne voyait l'autre.

— N'avez-vous rien à me raconter de ce que vous avez fait ou de ce qui s'est passé à Ramtot pendant votre séjour ? demanda madame de Colbosc.

— Beaucoup de choses au contraire.

— Ah !

Sans en dire davantage elle regarda sa fille avec une curiosité impatiente comme pour lire plus vite en elle ; et Hériberte ne répondant pas à ce coup d'œil, elle insista par une question qui marquait sur quel point elle voulait être fixée.

— Quelles personnes sont venues pendant votre séjour ?

— M. de la Roche-Odon, M. de la Hallouse, M. de Coubron.

Madame de Colbosc eut un geste d'impatience :

— J'entends des jeunes gens, dit-elle, des hommes à marier.

Cette fois il n'y avait pas à s'égarer sur un interrogatoire qui pouvait se traduire par une question plus nette qu'elle ne voulait cependant pas formuler franchement : « Parmi les personnes reçues par votre oncle, en avez-vous trouvé une qui puisse devenir un mari? »

Hériberte eut un moment d'hésitation.

— M. de Nyvernaux, dit-elle enfin, M. de La Senevière...

Sa mère haussa les épaules.

— Perdu de dettes, M. de Nyvernaux est-il un mari possible ? M. de La Senevière vaut moins encore.

Hériberte hésita et laissa paraître un trouble que n'expliquaient ni la question de sa mère, ni la réponse qu'elle se décida à la fin à faire :

— M. Guillaumanche.

Madame de Colbosc, relevant la tête, la regarda en face.

— Vous moquez-vous de moi ?

— Celui-là n'est pas perdu de dettes, répliqua vivement Hériberte d'une voix qu'elle voulait rendre enjouée, mais qui tremblait légèrement.

— Est-ce que ça compte !

— Au moins compte-t-on avec sa fortune.

— Qui on ?

— Tout le monde.

— Les parents, les amis de votre tante ; cela s'explique.

— Il est très entouré, choyé.

— Par qui ?

— Je vous l'ai dit : par tout le monde : le comte de la Roche-Odon est venu au château de La Senevière.

— Pour acheter quelque chose, prendre un renseignement sur un domestique; un homme comme M. de la Roche-Odon ne va pas chez ces espèces.

— Je vous assure que M. Guillaumanche n'est pas ce que vous imaginez.

— Je ne lui fais pas l'honneur d'imaginer quoi que ce soit à propos de lui, il n'existe pas pour moi; son nom n'a jamais sonné à mes oreilles aussi souvent qu'à cette heure.

Puis tout de suite, avec une contradiction bizarre :

— Quel âge a-t-il?

— Quarante ans environ.

— Et sa femme ? Voit-on aussi madame Guillaumanche chez votre oncle.

— Il est veuf; il a une fille de douze ans qui est une enfant très intéressante, très sympathique. On dit que la fortune est aveugle...

— Nous sommes là pour le prouver.

— En tous cas elle n'a pas été aveugle quand elle a choisi M. Guillaumanche pour lui apporter ce gros héritage qui ne pouvait pas tomber en meilleures mains que les siennes; et le bon c'est que ces millions ont été honnêtement gagnés.

— Oh ! dans le commerce.

— L'oncle qui lui a laissé ces millions s'était acquis une grand réputation de probité.

— Entre commerçants on n'est pas difficile ; les mots n'ont pas la même valeur pour ces gens-là que pour nous. Et puis, qu'est-ce que cela nous fait?

Sur ce mot, madame de Colbosc se leva, et Hériberte ayant pris la lampe, elles passèrent dans le salon où la marquise alla s'asseoir à sa place sur une sorte d'estrade auprès d'une petite table sur laquelle étaient posés quelques volumes de mémoires dont elle faisait sa lecture ordinaire, n'ouvrant jamais un journal ni un roman ; car cela seul avait de l'intérêt pour elle qui, en étant basé sur la réalité, la reportait à des temps où elle aurait voulu vivre ; après un moment de silence, elle reprit l'entretien :

— Est-ce qu'il n'est pas venu chez votre oncle des gens plus intéressants que ce... particulier ?

— Non, au moins pas pour moi !

Elle hésita quelques secondes, puis, d'une voix ferme qui ne frémissait plus :

— J'ajouterai... pas pour nous.

— Ah ! par exemple !

— Car M. Guillaumanche... désire me prendre pour femme... et je suis disposée à l'accepter.

V

— Est-ce que je rêve ? murmura madame de Colbosc.

Et prenant sa main gauche dans sa main droite, elle se la serra à plusieurs reprises.

— Vous êtes folle, n'est-ce pas ? s'écria-t-elle.

— Non, ma mère ; vous voyez bien que je n'ai jamais été plus recueillie, émue il est vrai, profondément émue, mais décidée aussi et ferme.

En effet, le trouble qu'elle avait tout d'abord montré et son hésitation si évidente quelques instants auparavant avaient entièrement disparu ; elle se tenait debout devant sa mère, une main posée sur la table auprès de laquelle celle-ci était assise, et pas un frémissement ne faisait trembler ses longs doigts, pas un mouvement ne plissait son visage impassible ; dans son regard se lisait la résolution d'un caractère pleinement maître de soi, qui ne se laissera pas plus abattre ou intimider qu'il ne se laissera entraîner.

— Une Colbosc ! s'écria la marquise. Une Colbosc, la femme de M. Guillaumanche !

Un accès de fureur la souleva de dessus son fauteuil ; et sautant à bas de son estrade, elle se mit à arpenter le salon en agitant ses bras, levant ses mains au plafond. Dans cette vaste pièce, pleine d'obscurité, ses gestes désordonnés qui dessinaient leurs ombres sur les tapisseries des murs avaient quelque chose de diabolique. A certains moments, les personnages à mine pâle de la tenture semblaient se détacher de la muraille et l'accompagner en s'indignant avec elle.

Tout à coup, elle s'arrêta et revenant à sa fille, brusquement, elle la prit par le poignet rudement, et, la conduisit à l'autre bout du salon, devant un portrait en pied d'un homme à la tête dure, à barbe rousse, la poitrine prise dans une cuirasse sur laquelle se détachait une écharpe blanche, celui de Jean de Colbosc qui, depuis 1598, n'avait pas quitté cette place où Jean de Colbosc lui-même l'avait fait poser quand il avait reçu dans cet hôtel à peine achevé, Henri IV revenant de son expédition en Bretagne.

— C'est à lui qu'il faut le dire, s'écria la marquise, si vous en avez le courage.

— Et pourquoi ne l'aurais-je point?

— Pourquoi? Devant votre ancêtre vous demandez pourquoi? Avez-vous donc perdu la raison? Ne vous souvenez-vous donc pas de ce que vous êtes? En quelques jours les leçons de votre jeunesse se sont-elles effacées?

— C'est parce que j'ai toute ma raison, c'est parce que les leçons de ma jeunesse et celles que je reçois tous les jours m'ouvrent les yeux, que j'accepte ce mariage.

— La raison n'a jamais conseillé un crime.

— Est-ce un crime d'épouser un honnête homme?

— C'en est un de déchoir.

— Un malheur, non un crime.

— Un crime! envers vous, envers moi, envers nos ancêtres que vous n'avez pas le droit de déshonorer par une lâcheté, envers notre nom que vous abaissez; qu'importe que ce mari soit ou ne soit pas honnête homme; est-il de votre rang, est-il de votre race? vous n'épouseriez pas un nègre et vous parlez d'épouser cet... honnête homme : comment le dégoût ne vous étouffe-t-il pas à la pensée de mêler votre sang bleu à son sang rouge?

Tout cela était jeté avec véhémence, avec incohérence, crié plutôt que dit, à mots hachés, heurtés avec un emportement, une fureur sourde, qui se gonflait de parole en parole.

Cependant le calme et l'impassibilité d'Hériberte ne s'étaient pas démentis un instant : c'était avec respect qu'elle écoutait sa mère, ne l'interrompant pas, ne répondant que juste ce qu'il fallait pour se défendre et affirmer qu'elle ne se laissait pas émouvoir, dans sa situation.

Au reste, ce n'était pas seulement dans la tenue que le contraste entre la mère et la fille était frappant, c'était aussi dans toute leur personne : la mère sèche, raide, osseuse, d'une pâleur cireuse, le nez busqué, les lèvres minces sifflant les paroles qu'elles prononçaient, marchant tout d'une pièce, la tête haute sans un mouvement du cou ni des épaules ; la fille ample de formes, aisée et placide dans ses attitudes, le nez droit et un peu charnu, les lèvres fortes, la chair rosée, le parler grave et doux ; la fille de son père non de sa mère ; c'était de lui qu'Hériberte tenait cette placidité dans laquelle il y avait autant de résignation que de fierté, cette aisance digne et affable à la fois, cette beauté grave et mélancolique qui depuis plusieurs générations était le trait caractéristique des Colboso.

L'impassibilité d'Hériberte n'avait point calmé la marquise ; au contraire, elle l'avait exaspérée.

— Dites-moi donc que c'est une idée folle qui a traversé votre esprit, s'écria-t-elle ; une idée en l'air dont vous ne m'avez parlé que pour me tâter.

— Je ne puis pas dire le contraire de ce qui est, répondit-elle.

— Oh ! la lâche, la misérable nature ! vous n'avez donc ni cœur, ni dignité, ni fierté, vous, vous ma fille !

Elle fit quelques pas en arrière et alla s'affaisser sur une chaise, où elle se cacha la tête entre ses mains.

— Tant de souffrances, murmura-t-elle, trente années de misère endurées sans plaintes pour en arriver là !

— C'est parce que cette misère est devenue intolérable pour vous, plus encore que pour moi, dit Hériberte en venant à elle, qu'il faut en finir.

— Pas ainsi ; toutes les souffrances, plutôt que cette honte.

Et saisissant vivement la main de sa fille, pour l'attirer à elle, tout près d'elle, en se soulevant à demi et en la regardant avec des yeux suppliants :

— Hériberte, mon enfant, ma fille chérie, n'écouterez-vous pas la voix de votre mère ? C'est à votre cœur que je m'adresse. Restera-t-il fermé à ma prière ? Faut-il que je me jette à vos genoux, moi, votre mère, pour vous supplier d'épargner ce déshonneur à notre nom, ce désespoir à ma vieillesse ?

Elle fit le geste de se lever comme pour réaliser ce qu'elle disait et se jeter réellement aux genoux de sa fille.

Cette fois Hériberte ne délibéra plus : sa mère à ses genoux, sa mère qu'elle avait toujours vue si hautaine dans ses relations, si inébranlable dans ses volontés, si exigeante dans ses prétentions au respect et à la soumission !

— Ma mère, murmura-t-elle en voulant la retenir, je vous en prie, écoutez-moi.

Mais à chacun de ses efforts pour obliger sa mère à

se rasseoir, celle-ci en fit un contraire pour se soulever, et il arriva un moment où le « faut-il que je me jette à vos genoux », qui semblait une exagération désespérée fut une réalité : sur le parquet la fière marquise de Colbosc était à genoux devant sa fille, pressant en suppliant les mains de celle-ci dans les siennes, la regardant avec des yeux navrés.

— Repousserez-vous votre mère, ne l'écouterez-vous pas ? Que faut-il de plus ?

Ce n'était pas plus qu'il fallait, tout au contraire c'était moins.

Aux premiers mots de prière, Hériberte avait été remuée jusqu'au cœur, car si elle s'était préparée pour la discussion et bien préparée, elle n'était point armée contre la tendresse ; de même dans le mouvement par lequel sa mère l'avait attirée, elle n'avait vu qu'un élan de désespoir qui l'avait plus profondément émue encore, troublée, attendrie et amollie ; mais quand sa mère s'était jetée à genoux, cette émotion avait instantanément disparu, la tête avait dominé le cœur, la réflexion, le sentiment, le raisonnement, l'instinct, et ce que cet acte théâtral avait commencé, le mot : « Que faut-il de plus ? » l'avait achevé.

Ce n'était pas, en effet, la première fois que sa mère recourait à des moyens de théâtre pour réussir et bien souvent elle avait été témoin de la persévérance qu'elle savait mettre au service de ses désirs, sans s'embarrasser de rien, ne se laissant pas plus arrêter par les scrupules que par le ridicule, ne cherchant, ne voulant, ne voyant que son but et le poursuivant avec le plus complet mépris de ceux à qui elle s'adressait.

Mais toujours ç'avait été avec des étrangers que ces scènes de comédie ou de drame avaient été jouées, ce n'avait jamais été avec elle. A quoi bon?

Jamais elle n'avait opposé une résistance sérieuse à ce que sa mère demandait ou voulait.

Mais voilà que, pour la première fois qu'une résistance de ce genre s'affirmait, la mère oubliant qu'elle avait affaire à sa fille recourait aux moyens qu'elle avait coutume d'employer avec les indifférents, et ne reculait pas devant une scène de comédie, n'ayant d'autre souci que de réussir. Dans ces conditions, l'émotion eût été duperie vraiment autant que la tendresse, et elle n'était plus assez enfant pour s'y laisser prendre : si sa mère jouait la comédie, elle jouait sa vie et l'heure était décisive.

— Je vous en prie, ma mère, relevez-vous, dit-elle, vous oubliez que c'est à votre fille que vous parlez.

— C'est vous, malheureuse, qui oubliez que je suis votre mère.

— Ah ! plût à Dieu !

Ce cri et l'accent avec lequel il fut jeté firent comprendre à madame de Colbosc qu'elle s'était trompée et qu'elle avait frappé à faux ; pas plus que la colère, la prière ne réussirait avec Hériberte.

Lentement elle se releva et reprenant sa place dans son fauteuil :

— Alors, parlez, dit-elle durement. Voyons quelle fille vous êtes.

La comédie n'avait pas réussi, il était inutile de prolonger la scène, et madame de Colbosc ne faisait jamais rien d'inutile ; dans toutes ses actions il y avait un but visé, comme dans toutes ses paroles il y avait une intention.

VI

— Ainsi vous croyez, dit Héribertö, que le mariage que vous avez toujours voulu est encore possible pour moi ?
— Pourquoi ne le croirais-je pas ?
— Parce que jusqu'à présent il ne s'est pas réalisé.
— Il se réalisera.
— Quand ?
— Un jour.
— Quel jour ? C'est ce que vous ne pouvez pas dire, et ce que personne ne peut prévoir. Tandis qu'il est raisonnable d'admettre que l'avenir sera ce qu'a été le passé, et que ce mari que nous avons attendu, que vous attendez toujours, ne viendra pas plus qu'il n'est venu jusqu'à présent. Votre vie s'est écoulée, celles de mon père et de mon grand-père se sont écoulées pareillement à attendre des événements qui devaient nous replacer à notre rang; voulez-vous donc que la mienne se passe de même à attendre un mariage qui devra nécessairement s'accomplir un jour ou l'autre, et qui pourtant ne s'accomplira pas? Car il ne s'accomplira pas.
— Et pourquoi, je vous prie ?
— Parce qu'il ne s'est pas fait. Il y a huit ans que

je l'attends ce mari, et il n'est pas venu. Pourquoi viendrait-il maintenant? Il y a huit ans qu'autour de tous ceux qui nous portent intérêt, nos parents, nos amis, les personnes de la noblesse ou du clergé avec lesquelles nous avons des relations vont partout cherchant, quêtant ce mari à qui veut l'entendre : « Ne se trouvera-t-il pas un brave jeune homme, pour épouser mademoiselle de Colbosc? » Il ne s'est pas trouvé ce jeune homme, et parmi les braves il ne s'en est pas rencontré un assez brave pour épouser une fille sans dot, qui, avec sa naissance et ses idées, dans son monde et dans son milieu, ne peut pas vivre à moins de deux cent mille francs. Pendant les premières années de ma jeunesse, vous avez pu vous flatter qu'avec les charmes que vous me reconnaissez, mais qui n'ont pas hélas pour les autres la même puissance que pour vous, vous avez pu vous flatter qu'avec mon nom et nos alliances, je n'aurais qu'à choisir l'homme bien né et fortuné qui relèverait la gloire de notre maison. Mais les années ont passé, ces charmes, si jamais ils ont existé, se sont flétris, je n'ai plus dix-huit ans, j'en ai vingt-six, personne ne s'est présenté, personne ne se présente ; maintenant, où le voyez-vous ce mari bien né et fortuné, d'où l'attendez-vous, sur qui comptez-vous pour le trouver?

Madame de Colbosc leva les bras au ciel, et avec un geste extatique, avec une voix frémissante de passion et de conviction :

— Sur Dieu! s'écria-t-elle, sur mes prières!

— Voulez-vous donc que Dieu fasse un miracle pour nous!

— Trouvez-vous impossible qu'il en fasse un pour moi?

— Non pour vous, ma mère, mais pour moi. En quoi ai-je mérité que Dieu change en ma faveur la marche générale des choses, et cette marche ne conduit pas les filles pauvres au mariage.

— Savez-vous mieux que moi ce qui se passe dans le monde!

— Je sais ce que j'ai vu, ce que j'ai observé. Je ne suis plus une enfant, et même j'ai beaucoup plus que mon âge; on vieillit vite dans la solitude, repliée sur soi-même avec ses réflexions ou ses rêveries. Toute jeune fille, j'ai été habituée à entendre parler de mariage, du beau mariage qui devait finir notre misère, et c'est autour du mariage que toutes mes pensées comme toutes mes espérances ont tourné. Comme vous alors, j'ai cru qu'il était possible, et je l'ai attendu; mais en voyant qu'il ne se réalisait pas, j'ai cherché pourquoi, et j'ai commencé à comprendre les réalités de la vie! Tout d'abord, je me suis imaginé que si une fille de ma naissance et de mon nom, appartenant à une famille comme la nôtre, ne se mariait pas, c'est qu'il y avait en elle quelque défaut, laideur ou niaiserie, vice d'humeur ou de caractère, qui épouvantait les maris, qui les éloignait; et cela n'a pas été sans de cruelles humiliations. Combien de fois ai-je cherché ce qui déplaisait en moi; que d'heures ai-je passées devant ma glace à m'examiner; combien longs ont été les examens de conscience que j'ai faits, finissant toujours par me trouver coupable; de quoi, je ne savais trop le préciser, de tout.

Madame de Colhoso haussa les épaules avec un mouvement de pitié et d'impatience.

— Vous avez raison, cela était ridicule ; mais il m'a fallu un certain temps pour ouvrir les yeux et les oreilles, pour voir et entendre autour de moi, au lieu de chercher en moi. J'ai vu, j'ai entendu, et d'autant mieux que je n'ai eu d'yeux et d'oreilles que pour cet unique objet.

— Et qu'avez-vous vu ? demanda dédaigneusement madame de Colboso.

— Que les jeunes hommes de notre monde ne veulent plus se marier, et qu'il faut un concours de circonstances véritablement providentielles ou fatales pour vaincre leur répulsion. Quand il y a une dot, ils la pèsent, et le plus souvent ils la trouvent insuffisante pour leurs arrangements, — ceux du passé qu'ils doivent liquider, et ceux de l'avenir qu'ils doivent assurer. Quand il n'y en a pas, que feraient-ils d'une femme qui serait une ruine. S'il a été un temps où une femme était une cause d'économie, aujourd'hui elle est une cause de dépense, et il n'est personne qui ne convienne qu'une maîtresse coûte moins cher.

— Ce que vous dites-là est d'une sotte.

— Je répète ce qui est une banalité courante et ce que l'expérience n'a que trop cruellement démontré pour nous. Malgré vos savantes négociations, malgré celles de nos amis, quel homme jeune ou vieux, s'est présenté pour être mon mari depuis dix ans ? Aucun. Je n'ai pas été demandée en mariage une seule fois ; tous ceux auprès de qui vous avez fait agir indirectement, avec d'habiles détours, se sont dérobés. Etais-je donc un épouvantail à mettre en fuite tous les maris? Oui, puisque j'étais sans fortune et que notre nom, notre rang, notre misère devaient donner à penser que j'aurais des prétentions qui coûteraient cher à satisfaire. S'il y a des gens de notre monde pour épouser leur cuisinière, il n'y en a pas pour épouser une Colboso.

— Il y en aura.

— Quand? Je n'ai pas trouvé de mari à vingt ans, est-il raisonnable d'admettre que j'en trouve un plus facilement à trente? Chaque jour qui s'écoule ne rend-il pas ce mariage plus difficile, plus impossible; faut-il attendre que je sois un être ridicule, pour que vous reconnaissiez avec désespoir qu'une fille dans ma position ne se marie pas, et que nous sommes coupables d'avoir laissé échapper l'occasion unique qui s'est présentée un jour et qui ne se représenterait jamais.

— C'est le Guillaumanche, l'occasion? elle est jolie!

— Si vous vous placez au seul point de vue de vos espérances, je conviens que M. Guillaumanche n'est pas le mari que vous attendiez; mais si vous vous placez au contraire dans la réalité, c'est à vous de convenir qu'il a des qualités qui ne permettent pas de le refuser.

— Vous comptez là-dessus? demanda madame de Colboso, avec ironie.

— Comment en serait-il autrement? Lorsque la preuve a été faite, que jamais le mari que vous voulez ne se présenterait, je vous ai demandé de me laisser travailler, non ici, mais en me cachant dans une ville où je changerais de nom, vous ne l'avez pas permis; je vous ai demandé aussi de me laisser entrer dans un couvent, vous me l'avez de même refusé.

— Que serais-je devenue?

— C'est ce qui m'a empêché d'insister et m'a fait me soumettre. Vous m'avez réduite au mariage : il faut que je me marie ou que nous mourrions de misère dans un temps qu'il n'est que trop facile de déterminer. Mais si telle est la fatalité de ma situation, au moins faut-il que vous rendiez mon mariage possible; et justement vous le rendez impossible si vous persistez dans vos exigences : la naissance et la fortune. Trouvez un mari qui n'ait que la naissance, je l'accepte.

— J'en trouverai un.

— A votre affirmation je suis obligée de toujours répondre par le même mot : Quand? Vous ne l'avez pas trouvé quand j'avais la jeunesse. Comment le trouverions-nous la jeunesse partie? Moi j'en ai trouvé un qui a la fortune, acceptez-le.

— Comme vous, je suis obligée de toujours vous répondre par le même mot : jamais.

— Alors, si vous persistiez dans ce jamais, ce serait le couvent, car cette situation de fille pauvre qui attend, comme si elle était une marchandise, qu'on vienne la prendre, et qui a la mortification, chaque jour répétée, de constater qu'on ne vient pas, et que personne ne veut d'elle, m'est odieuse, et je n'ai plus la force de supporter cette honte... même pour vous ma mère, même par piété filiale. Mais je ne peux pas croire que vous persisterez quand vous aurez froidement envisagé ce mariage qui vous blesse...

— Il m'indigne !

— Parce que vous ne voyez dans M. Guillaumanche qu'un parvenu que le hasard a enrichi ; mais il y a en lui un homme de bonne volonté, d'intelligence, de cœur.

— N'a-t-il pas été garçon de bureau?

— Commis, cela est vrai, mais aujourd'hui il a une vingtaine de millions, il est député...

— La belle gloire !

— Enfin, il est dans une position honorable, estimé pour son caractère, aimé de ceux qui l'approchent, qui le voient à l'œuvre et qui connaissent ses intentions.

— Ah ! il a des intentions ?

— De faire un usage utile à tous de la fortune que la Providence a mise entre ses mains; ce qui n'est pas d'un parvenu, vous en conviendrez. Ce sont ces intentions qui, lorsque je les ai connues, ont forcé mon consentement, tout d'abord opposé à ce mariage; car je n'aurais pas accepté M. Guillaumanche malgré sa fortune, s'il n'avait eu que cette fortune.

— Accepté? On vous l'a proposé?

— Sans doute.

— Qui ?

— Mon oncle.

— Je voulais vous le faire dire, car je n'ai pas eu de doutes à son égard un instant; quand on s'est déshonoré soi-même, on tient à ce que personne des siens ne reste pur.

— Ce n'est pas la faute de mon oncle s'il n'a pas trouvé le mari que vous vouliez et qu'il voulait lui-même, c'est celle des circonstances ; depuis dix ans, il a tout fait pour découvrir et décider un de ces maris ; il ne faut pas le rendre responsable de l'insuccès ; ça été seulement quand il lui a été démontré jusqu'à l'absurde que jamais un homme de notre monde ne m'accepterait, qu'il en est venu à M. Guillaumanche, et m'a fait comprendre les avantages de ce mariage.

— Et vous les avez compris ?

— Je n'ai pas fermé mes yeux à l'évidence. S'il a été un temps où je n'admettais que la vie mondaine, brillante, uniquement faite de plaisirs, ce temps est passé ; j'ai vu ce qu'elle valait, et, par les exemples pris aux personnes que nous connaissons, ce qu'elle pouvait donner, alors que volontairement et par système on se place en dehors de tout ce qui est actuel, le plaisir excepté ; à quel vide, à quel ennui, à quelle lassitude elle conduit, et finalement à quels désordres. Qu'on m'offre cette vie aujourd'hui, et je la refuserais aussi bien pour moi que pour mon mari.

— Décidément, vous êtes folle à lier.

— Non, ma mère, sage, au contraire, assagie par l'expérience et par les années, qui pour moi, dans notre solitude et nos tourments, ont été plus vite que pour une autre. Ce n'est pas vingt-six ans que j'ai, c'est quarante, et mes idées, mes ambitions, si vous me permettez le mot, sont les idées et les besoins d'une femme de quarante ans, calme, raisonnable peut-être, comme il arrive pour celles qui ont perdu les enthousiasmes et les illusions de la jeunesse

Sous ce rapport, je suis en accord parfait avec mon mari, qui, malgré la réalité de ses quarante ans, sera, sur plus d'un point sans doute, plus jeune que moi. Il croit que je puis l'aider à faire de sa fortune un usage utile et bon. Je crois qu'il peut me donner l'existence honnêtement heureuse que je désire. Dans ces conditions, un mariage entre nous, bien que de son côté il n'y ait pas de naissance, et que du mien il n'y ait pas de fortune, n'a rien de choquant.

— Dites qu'il serait simplement scandaleux si je le permettais ; mais je ne le permettrai point, et il faut véritablement que vous ayez perdu la raison pour avoir osé m'en parler.

— Demain, mon oncle et M. Guillaumanche viendront vous adresser leur demande officielle... Vous aurez réfléchi, vous aurez vu les avantages de ce mariage ; et j'espère que vous ne me condamnerez pas à faire acte de liberté.

Comme madame de Colbosc restait abasourdie sous cette menace où la loi avait été discrètement évoquée sans que son nom eût été brutalement prononcé, Hériberte poursuivit :

— Je dois ajouter que M. Guillaumanche n'ayant qu'un enfant, peut disposer de la moitié de sa fortune et que son intention est de m'assurer cette moitié ; vous seriez donc associée à cette fortune, et vous en jouiriez comme moi si un jour je perdais mon mari.

VII

Le lendemain était le jour de réception de madame de Colbosc, celui pour lequel et par lequel elle vivait, qui lui faisait tout supporter, tout oublier ; car si pénible, si dure qu'eût été la semaine, les tristesses s'envolaient lorsqu'arrivait le mercredi, son mercredi.

Vers trois heures, la lourde porte cochère commençait à résonner dans son cadre : on arrivait. Dans le vestibule, qu'elle avait soigneusement passé au grès et lavé dès le petit matin en se traînant à genoux, car ses reins ne lui permettaient plus guère de se baisser, on trouvait la vieille Jeannette qui recevait les parapluies ou les manteaux, et qui, précédant les visiteurs, ouvrait devant eux la porte du salon. Pendant de longues années, ç'avait été le mari de Jeannette qui avait rempli ces fonctions d'introducteur, et comme en sa jeunesse il avait servi au faubourg Saint-Germain, il s'en acquittait avec une correction parfaite ; dans sa bouche, les titres qu'il annonçait prenaient un charme nouveau pour ceux qui les portaient. A sa mort, comme il ne pouvait pas être question pour madame de Colbosc de s'imposer la charge d'un valet de chambre, Jeannette avait proposé de le remplacer, et, bien que cela ne fût guère correct, elle avait été acceptée. Malheureusement, si elle était brave femme, pleine de dévouement pour sa maîtresse, courageuse, économe, elle était d'autre part assez simple, et de plus elle commençait à devenir un peu sourde. Avec les personnes qu'elle connaissait cette infirmité n'avait pas d'inconvénient; elle annonçait presque aussi bien que son mari : « M. le comte de la Roche-Odon », ou : « M. le baron M'Comble »; mais avec les visiteurs qu'elle n'avait jamais vus, les jeunes mariés ou les nouveaux venus, il n'en était plus de même; en passant par sa bouche le nom qu'on lui donnait devenait quelquefois tout à fait drôlatique; c'était ainsi que du comte de la Tuite elle avait fait le comte de la Truite; de M. de Courbon, M. de Trouhobon; et que madame d'Ombril, une mariée de quinze jours, s'était changée en madame du Nombril, ce qui avait failli suffoquer la jeune femme d'embarras et de honte quand elle avait senti tous les regards ramassés sur elle l'étudier curieusement. Cette déplorable aventure qu'on raconte encore à Condé avait été la dernière : Jeannette avait résigné ses fonctions et son emploi s'était désormais borné à ouvrir la porte silencieusement.

Dès qu'on était entré, on apercevait madame de Colbosc assise dans un fauteuil, sur une estrade recouverte d'un tapis, et, près d'elle, mais plus bas, sur un tabouret, Hériberte.

Cette estrade avait une histoire, qui tout d'abord avait blessé et fâché un certain nombre de personnes; mais qui maintenant faisait rire tout le monde, tant elle peignait bien madame de Colbosc avec son orgueil et ses prétentions. Un jour, un mercredi, en arrivant, on l'avait trouvée installée sur cette estrade d'environ un pied plus haute que le parquet du salon, et placée à l'un des coins de la cheminée ; avant qu'on pût l'interroger sur ce changement pour le moins bizarre dans une maison où depuis si longtemps on n'en avait fait aucun, bonnement, simplement, avec une prolixité qui n'était point dans ses habitudes, elle avait raconté qu'elle avait fait construire cette estrade pour voir dans la cour sans quitter son fauteuil, ce qui ne lui était pas possible quand elle était assise comme tout le monde, tant l'appui des fenêtres était élevé. En réalité, ce qu'elle avait voulu, c'était un trône sur lequel elle recevrait les hommages de sa cour qu'elle dominerait, et comme cette explication eût été assez délicate à donner franchement, elle avait inventé celle de l'appui des fenêtres, bien certaine que ceux qui se fâcheraient le plus fort de cet empiètement finiraient, avec le temps, par l'accepter ; — ce qui s'était passé.

Pour trois ou quatre personnes seulement, l'évêque, le comte de la Roche-Odon, madame de Colbosc daignait descendre de son trône : les autres, elle les recevait en reine qui donne une audience, et quand elle voyait rangées sous ses yeux en cercle autour de la cheminée, dans laquelle brûlait en un seul jour toute la provision de bois de la semaine, — bois donné par le comte de Colbosc, — dix ou douze personnes qui par la naissance tenaient la tête du pays, elle éprouvait une ivresse de joie orgueilleuse dans laquelle se noyaient chagrins, misères, humiliations : elle avait son heure et elle triomphait, la veille était oubliée ; elle ne pensait pas qu'il y avait un lendemain ; ou si elle y pensait, c'était pour se dire que l'avenir serait sûrement ce qu'était la minute présente.

Ce qu'il y avait de caractéristique dans ces réunions et ce qui prouvait combien était grande l'influence de madame de Colbosc, c'est que pendant les trois heures qu'elles duraient on n'y tombait presque jamais dans ces bavardages de province où toute une ville est passée en revue. Qu'importait à madame de Colbosc les histoires de Condé! elle ne connaissait point ces gens-là (ces *genses* comme elle disait) et ne s'intéressait nullement à leurs affaires, à leurs douleurs ou à leurs joies, à leurs vertus ou à leurs crimes; — des crimes bourgeois est-ce que ça existe? alors à quoi bon en parler? Aussi, après qu'on avait échangé les nouvelles qui touchaient aux personnes de qualité de la contrée, ce qui était vite fini car elles n'étaient guère nombreuses, la conversation se maintenait-elle sur des sujets élevés, ou tout au moins considérés comme tels : la vie de Paris, les déplacements, les chasses, les courses dans le monde brillant; les naissances, les deuils, les mariages dans les familles royales ou princières. C'était seulement quand M. l'archiprêtre Vosseur, MM. les chanoines Armand, Turgis et Pommeau étaient réunis, qu'on était entraîné dans les potins ecclésiastiques de la ville et du diocèse, dans ces riens faits d'insinuations et de sous-entendus à propos de rivalités, d'ambitions, d'injustices, auxquels se plaisent les prêtres, et que madame de Colbosc ne laissait aller que parce que c'étaient des prêtres qui les cancanaient.

VIII

Pour la demande officielle de son oncle et de M. Guillaumanche, Hériberte aurait mieux aimé un autre jour que le mercredi ; mais comme le comte avait tenu à ce jour-là, parce qu'il partait le lendemain en voyage, et aussi parce qu'il comptait sur les visites habituelles pour abréger son entrevue avec sa belle-sœur, elle avait dû ne pas persister dans son désir ; la corvée serait assez rude pour que celui qui voulait bien l'affronter eût au moins la liberté de choisir son jour.

Dès deux heures et demie, madame de Colbosc avait pris place sur son trône, et pour passer le temps, elle lisait les *Souvenirs de madame de Caylus*, dans l'édition de Voltaire (le seul bon ouvrage qu'il eût jamais publié, disait-elle), tandis qu'Hériberte, sur son tabouret, tournait machinalement les pages d'un livre sans voir autre chose que du noir et du blanc, car ce n'était pas pour ce livre qu'elle avait des yeux, mais pour la grande porte, attendant.

Depuis la veille, pas un mot n'avait été dit entre sa mère et elle à propos de mariage, pas une allusion n'avait été faite à la visite du comte ; mais ce silence n'avait rien de rassurant, la dureté du regard de la marquise, le froncement de ses lèvres pâles en disaient plus que de longues paroles : tout était à craindre de l'accueil qu'elle ferait au comte et surtout à M. Guillaumanche.

Précisément parce qu'elle était fermement décidée à ne pas s'arrêter devant un refus, Hériberte aurait voulu que ce refus fût formulé de telle sorte qu'il ne s'opposât pas plus tard à un rapprochement entre la belle-mère et le gendre. Ce n'était pas seulement de sa propre misère qu'elle souffrait, c'était aussi de celle de sa mère, et puisque de cette misère noire elle allait par ce mariage entrer dans la fortune, elle aurait voulu que sa mère y entrât avec elle, — ce qui n'était possible que si dans cette première entrevue des paroles irréparables n'étaient pas prononcées. Prévenu par le comte et par elle-même, M. Guillaumanche savait qu'il ne serait pas admis sans opposition, et c'était pour atténuer cette opposition qu'Hériberte avait risqué sa tentative de la veille, espérant adoucir la marquise et la préparer; mais il ne savait pas quels résultats cette tentative avait donnés; et d'avance il avait été impossible de lui avouer franchement tout ce qu'ils craignaient eux-mêmes.

Un peu avant trois heures, la porte cochère cria sur ses gonds rouillés : madame de Colbosc ne leva même pas les yeux de dessus son livre et ne fit pas un seul mouvement ; moins maîtresse d'elle-même, Hériberte ne put pas ne pas hausser un peu la tête pour jeter un rapide coup d'œil dans la cour.

— Vraiment! dit madame de Colbosc d'une voix ironique.

Hériberte ne voulut pas laisser voir qu'elle avait compris.

— C'est M. l'abbé Armand, répondit-elle simplement.

Après l'abbé Armand ce fut l'abbé Turgis, puis le comte et la comtesse O'Donoghue accompagnés comme à l'ordinaire du baron M'Combie, plus nobles les uns et les autres que la marquise de Colbosc puisque l'un descendait des rois d'Irlande et l'autre des rois d'Écosse, mais presque aussi pauvres qu'elle; puis le comte de la Roche-Odon, puis le marquis de la Villeperdrix, puis d'autres encore, les fidèles du mercredi.

La conversation prit son cours habituel; comme madame de Colbosc ne lisait jamais les journaux, on lui annonça les nouvelles importantes qu'ils donnaient et qu'ils avaient données dans la semaine : le landgrave Adalbert, dont le mariage était depuis si longtemps stérile, venait d'avoir un fils, la landgravine était dans un état inquiétant; il était question du mariage du prince Charles-Théodore, duc en Bavière, avec la princesse Sophie, fille du roi Jean.

Puis des mariages qui allaient se faire on était passé aux mariages qui devraient se faire; d'abord celui de la princesse Béatrice auquel ils travaillaient depuis si longtemps sans succès et qui cette fois devait enfin réussir, semblait-il; puis ils avaient marié un jeune prince de la maison de Halesbour-Lorraine à une princesse de la maison de Wittelsbach, une princesse de Parme à un infant de Portugal.

Mais madame de Colbosc n'avait pas admis ce mariage, non qu'elle le blâmât au point de vue même de l'alliance qui en soi était irréprochable, mais parce que l'âge des époux le rendait impossible : la princesse

Marie-des-Neiges n'avait que sept ans et l'infant Gabriel en avait trente.

Là-dessus, une discussion s'était engagée, mais madame de Colbosc l'avait vite close en citant les dates.

— Il faudrait citer le Gotha, dit le baron M'Combie.

Malheureusement, il n'y avait pas de Gotha dans la maison, au moins l'*Almanach* lui-même ne s'y trouvait point; mais il était dans la tête de la marquise qui, du mois de novembre jusqu'au mois de janvier, en faisait sa lecture constante, apprenant par cœur l'exemplaire qu'on lui prêtait et qu'à son grand regret, elle ne pouvait pas acheter.

L'arrivée d'un nouveau venu fit abandonner l'*Almanach de Gotha*; car bien qu'il fût le médecin de tout ce monde, le docteur Evette s'intéressait peu aux mariages ou aux morts des princes de la maison d'Angleterre, de la maison d'Autriche ou de la maison de Bavière; ce qui le touchait, c'était les mariages et les morts de ses clients qui pouvaient lui faire gagner de l'argent : aussi par lui était-on sûr d'apprendre tout ce qui, sous ce rapport se passait dans la contrée, et c'était généralement pour le salon de madame de Colbosc, où de toute l'année il ne manquait pas un mercredi, qu'il réservait ses meilleures nouvelles. Dès son entrée et à sa mine on voyait s'il était riche ou pauvre en indiscrétions, et ce jour-là, à son air important, recueilli et impatient à la fois, il fut évident pour tous qu'il était riche.

On le pressa de questions, mais il voulut, en exaspérant la curiosité, préparer son effet, et ce fut seulement après s'être informé de la santé de la marquise, après avoir constaté avec admiration que le grand air des bois avait donné un éclat incomparable au teint de mademoiselle de Colbosc, après avoir généreusement donné des conseils médicaux aux chanoines toujours souffrant de ceci ou de cela, des humeurs ou du sang, qu'il se décida à parler.

Il venait d'apprendre une nouvelle incroyable, renversante, inouïe et cependant véridique : le jeune comte d'Angoville épousait la fille du père Hutrel.

Il y eut une telle explosion d'exclamations qu'Evette eut la parole coupée : le comte d'Angoville qui, avec les Colbosc et les la Roche-Odon, était à la tête de la noblesse du pays, qui avait eu un ancêtre à la bataille de Hastings, épouser la fille d'un tanneur ! et il n'était pas ruiné ! et mademoiselle Hutrel ne devait pas être beaucoup plus riche que lui !

Quand l'indignation de tous se fut exhalée librement, le salon se forma en cour de justice, et ce fut la marquise qui, les voix prises, rendit l'arrêt ; il était terrible, mais un exemple était indispensable : quand le comte d'Angoville viendrait avec sa jeune femme faire sa visite de noces, madame de Colbosc ne les recevrait pas.

Seule, Hériberte, émue et inquiète de voir sa mère se prononcer ainsi, n'avait rien dit. Evette voulut l'obliger à donner son avis. Après un moment de réflexion, elle le fit avec une douce fermeté.

— Comme on se marie pour soi, dit-elle, le jugement des autres est de peu d'importance.

Tout le monde se regarda avec étonnement. Que signifiait cela ?

IX

Évette, qui n'était pas un sot, s'était dit qu'il avait fait une sottise en poussant Hériberte à se prononcer sur ce mariage, mais comme il ne devinait pas quelle était cette sottise, ce qui redoublait sa gêne, il avait abrégé sa visite et tout de suite il était parti : « Mille pardons, mais vous comprenez, mes malades... »

Comme il traversait la cour, il s'était trouvé nez à nez avec le comte de Colbosc qui entrait accompagné de Guillaumanche.

— Guillaumanche chez la marquise !

Malgré sa réserve et sa prudence habituelles, la curiosité l'emporta ; il suivit le comte et Guillaumanche, ayant oublié de dire à un de ses clients un mot important qui lui revenait à l'instant même ; et ce mot à dire, qu'il ne dit pas d'ailleurs, lui permit de suivre la scène en se plaçant derrière l'abbé Armand et en se penchant au-dessus de l'épaule de celui-ci.

En apercevant son beau-frère, madame de Colbosc s'était levée, et descendant de son estrade, elle était venue au-devant de lui, car, bien qu'elle le méprisât plus que personne et éprouvât contre lui un sentiment de haine furieuse, elle n'était pas femme à ne pas rendre en public, au chef de la famille, les marques de déférence qu'elle lui devait.

M. de Colbosc, après avoir serré le bout des doigts

que sa belle-sœur lui tendait, s'était tourné à demi vers Guillaumanche :

— Ma sœur, je vous présente M. Guillaumanche..., mon ami.

Madame de Colbosc, sans répondre au salut respectueux de Guillaumanche, remonta sur son estrade, et celui-ci ne trouvant plus personne devant lui lorsqu'il avait relevé la tête, resta tout seul, dans une situation embarrassante et même assez ridicule.

A demi penché en avant, son chapeau à la main, au milieu du cercle des fauteuils, il sentait tous les regards ramassés sur lui et ne savait à qui parler, car à ce moment même M. de Colbosc, qui l'avait abandonné, embrassait sur le front sa nièce venue au-devant de lui.

— Bonjour, mon enfant.

Depuis qu'il avait fait son héritage, il était habitué à être un objet de curiosité partout où il allait, un phénomène; les doigts se levaient vers lui, et les lèvres chuchotaient un nom, le sien, qu'il lisait sans se tromper, quand il ne l'entendait pas; mais cette curiosité n'avait rien de celle qui accueillait son entrée dans ce salon. Partout on le regardait pour savoir comment était fait un homme qui avait eu la chance d'hériter de vingt millions, et volontiers on lui eût demandé s'il ne lui était pas resté un morceau de son fétiche, qu'il serait disposé à céder. Mais c'était d'autres sentiments qu'il devinait dans les regards dont il était enveloppé. Pour celui-ci, sa redingote boutonnée lui allait mal. Pour celle-là, ses gants de Suède le gantaient trop serré. Il était trop grand pour ce gros chanoine, trop maigre pour cet autre. Pouvait-on avoir sa tournure gauche? Et son air timide était-il assez niais! Comment, il commençait déjà à avoir des cheveux gris! Était-on digne de jouir d'une pareille fortune avec d'épais sourcils comme les siens et des joues creuses comme celles de Don Quichotte!

Heureusement Hériberte lui vint en aide; aussitôt que son oncle la laissa libre, elle comprit la situation et tout de suite elle la sauva en s'adressant à Guillaumanche et en lui parlant sur un ton affectueux; puis, attirant un fauteuil, elle le fit asseoir.

Ce qui rendait cette situation particulièrement embarrassante, c'était l'extrême attention des spectateurs.

Le mot du médecin avait été celui de toutes les personnes qui se trouvaient dans le salon.

— Guillaumanche chez la marquise de Colboso! Que signifiait cette visite?

Et tous les regards s'étaient attachés sur cet intrus, ne le quittant que pour aller à la marquise.

Il avait repris une certaine assurance; en tout cas il n'était plus l'homme embarrassé et troublé qu'on avait vu quelques instants auparavant : il s'entretenait avec Hériberte, et assez librement, semblait-il; sa gaucherie avait disparu et il se montrait tel qu'il était, un grand gaillard manquant de distinction assurément, de manières simples et primitives, mais franc, naturel, bon, et pas plus mal en somme que bien des gens; quand d'un mot il se mêlait à la conversation ce qu'il disait n'était pas extraordinaire, mais d'autre part n'était ni bête ni ridicule; la voix était sympathique.

Si la chose avait été possible on serait resté jusqu'au soir à l'observer et à l'étudier, mais les convenances exigeaient qu'on se retirât; il fallut prendre congé, et comme il n'arrivait pas de nouveaux visiteurs, un moment vint où le comte et Guillaumanche restèrent seuls dans le salon avec madame de Colbosc et Hériberte.

X

Le comte de Colbosc était un homme résolu et franc qui allait droit devant lui, mais avec sa belle-sœur il était moins résolu qu'avec tout autre; cependant, aussitôt que le dernier visiteur fut sorti, il aborda bravement le sujet qui l'amenait : il importait, qu'avant l'arrivée possible d'autres visiteurs, il eût dit ce qu'il avait à dire.

— Puisque nous sommes seuls, je dois vous expliquer, ma chère sœur, ce qui...

Le regard que la chère sœur attacha sur son cher frère fut tel que le comte s'arrêta un court instant, cherchant évidemment par quelles paroles habiles il détournerait la foudre qui le menaçait.

Mais avant qu'il eut trouvé, Hériberte lui vint en aide :

— J'ai fait connaître à ma mère les intentions de

M. Guillaumanche, dit-elle avec une résolution calme...
et les miennes.

— Alors mon rôle est simplifié, dit le comte, avec un soulagement manifeste.

Et s'adressant à Guillaumanche :

— C'est donc à vous, mon ami, de prendre la parole.

Il était évident que Guillaumanche devait prendre la parole, mais le conseil était plus commode à donner qu'à suivre. Non seulement la situation était difficile en soi, mais encore elle était singulièrement aggravée par l'attitude de madame de Colbosc. Depuis que Guillaumanche était assis dans le fauteuil qu'Hériberte lui avait offert si à propos, elle ne lui avait pas adressé un seul mot, et pas une seule fois elle n'avait tourné les yeux vers lui : c'était à se demander si elle le savait là, si elle le voyait, si elle ne le croyait pas une momie ou un meuble. Comment prendre la parole ? Cependant il n'y avait pas à hésiter. D'ailleurs Hériberte avait montré trop de résolution pour qu'il ne l'imitât point.

Il se leva donc et, s'inclinant avec toutes les marques de la plus profonde déférence :

— Puisque mes intentions vous sont connues, dit-il, il ne me reste qu'à vous demander votre agrément à notre mariage, ce que je fais respectueusement.

Ce n'était pas là du tout ce qu'il avait préparé ; il avait notamment une phrase bien sentie sur l'honneur qu'il y aurait pour lui à entrer dans la famille de Colbosc, et une autre sur les sentiments qu'il éprouvait pour mademoiselle de Colbosc, qui eussent été certaimoment du meilleur effet, mais comment les dire à une femme qui paraissait ne pas l'écouter? C'était au mur qu'il s'adressait; il fallait tourner court.

Alors le comte un peu honteux de l'avoir si vite abandonné voulut venir à son secours.

— Si ce mariage, dit-il, n'avait pas offert des avantages certains... et considérables pour Hériberte, vous comprenez que je ne l'aurais pas proposé. Mais j'ai cru que ces avantages vous les apprécieriez comme moi, et que dès lors, faisant le sacrifice d'idées respectables à coup sûr... mais excessives peut-être, vous...

Madame de Colbosc avait jusque-là tenu les yeux sur son beau-frère; brusquement elle les détourna avec un léger haussement d'épaules où il y avait un mélange de mépris et de pitié; cela fut si net, si cassant que M. de Colbosc s'arrêta interloqué.

— Permettez, ma chère sœur, dit-il en reprenant, j'ai quelques droits à m'occuper d'Hériberte, et je l'aime trop pour sacrifier ses intérêts. Or, ce serait les sacrifier, ce serait me conduire en mauvais parent que...

Mais madame de Colbosc ne l'écoutait pas, elle lui avait tourné le dos, et maintenant elle faisait face à Guillaumanche.

— Monsieur, dit-elle en étendant la main sur lui et en le regardant pour la première fois, savez-vous qu'en 1336 un Colbosc combattit à Poitiers, à côté de Jean le Bon et par sa valeur sauva plusieurs fois le roi?

— Mais ma sœur, voulut interrompre M. de Colbosc.

Elle ne le laissa point prendre la parole et continua

en appuyant la main au-dessus de Guillaumanche, comme si elle voulait le faire entrer en terre.

— C'est Geoffroi, non le premier de notre maison, car si vous avez lu Villehardouin, vous avez dû voir qu'un Colbosc, Thibaut, celui-là accompagna les croisés à Constantinople, et reçut en fiefs plusieurs places dans le royaume de Thessalonique ; mais de Geoffroi à nous, la filiation est prouvée par des actes authentiques, sans conteste possible.

Si quelqu'un voulait contester ces actes authentiques, à coup sûr ce n'était pas Guillaumanche ; il leva la tête comme pour l'affirmer, mais madame de Colbosc poursuivit :

— Je ne rappellerai ni Gui de Colbosc, qui fit la conquête de l'Italie avec Charles VIII, ni Hardouin de Colbosc, qui fut l'ami de François Ier, ni tant d'autres qui sont l'honneur de la France, mais ne savez-vous pas qu'en 1598, Henri IV, revenant de pacifier la Bretagne et de marier son fils César de Vendôme à la fille du duc de Mercœur, vint habiter cet hôtel, pour donner une marque publique de son estime et de son amitié à un Colbosc, — celui-là même dont le portrait est en face de vous : Jean de Colbosc.

Ce fut un soulagement pour Guillaumanche de ne plus sentir sur sa tête la main de madame de Colbosc qui s'était levée vers le portrait. Mais ce sentiment de délivrance dura peu, la marquise continuait :

— Dans ce salon resté tel qu'il était à cette époque, le roi s'est entretenu avec notre ancêtre ; sur ce fauteuil que vous occupez le roi a pu s'asseoir ! Et Louis de Colbosc, ne savez-vous pas quelles charges il occupa à la cour de Louis XIV, et René de Colbosc celles qu'il occupa sous Louis XV, et Philippe, celles qu'il occupa sous Louis XVI ; et le rôle que le marquis Odier joua sous les rois Louis XVIII et Charles X, ne le connaissez-vous pas ?

Guillaumanche avança la main pour demander la permission de répondre, la marquise ne la lui accorda pas :

— Vous le savez, voulez-vous dire ; eh bien, alors, comment vous êtes-vous imaginé qu'une Colbosc pût devenir la femme de M. Guillaumanche ?

— Mais ma sœur, interrompit le comte.

— Mais ma mère, voulut dire Hériberte.

— C'est à monsieur que je parle, dit la marquise leur coupant la parole, c'est à lui que je donne ma réponse : Moi qui suis deux fois une Colbosc et par la naissance et par le mariage, jamais je ne consentirai à ce que ma fille devienne madame Guillaumanche, jamais ; conseils, — elle fit une révérence à son beau-frère — explications, — elle regarda Guillaumanche de haut — prières, — elle étendit la main vers sa fille — rien ne changera ma résolution.

Et elle se leva.

XI

Le comte et Guillaumanche n'avaient qu'à se retirer.

Cependant M. de Colbosc parut vouloir tenter un nouvel effort, mais sur un signe furtif d'Hériberte il se tut; puis quelques personnes étant entrées, après un court instant il sortit, accompagné de Guillaumanche.

Ce fut seulement quand ils se trouvèrent sur le boulevard, à l'abri des curieux, qu'ils échangèrent leurs impressions.

— Eh bien ? demanda Guillaumanche avec une inquiétude manifeste.

— Eh bien !

— Faut-il donc renoncer à toute espérance de toucher madame de Colbosc?

— Vous résigneriez-vous à cette renonciation?

— Ce serait avec le plus grand chagrin.

— Vous tenez à devenir le mari d'Hériberte ?

— Je n'aurais que vingt ans, je vous dirais que j'ai mis toute ma vie dans ce mariage; mais si ce langage n'est pas celui d'un homme de quarante ans, il n'en est pas moins certain que ce que je n'ose pas dire est cependant l'exacte vérité. Incrédule tout d'abord à l'idée de ce mariage qui me paraissait un rêve et une folie quand je me comparais à mademoiselle de Colbosc, j'ai mis réellement ma vie entière dans sa réalisation du jour où j'ai obtenu votre appui et le consentement de mademoiselle Hériberte. Voilà pourquoi ma déception est cruelle, pourquoi mon chagrin est profond en présence de ce refus. Que répondre à madame de Colbosc quand elle me dit qu'une Colbosc ne peut pas être la femme de M. Guillaumanche? Cela n'est que trop juste et je le reconnais moi-même. Je serais un parvenu, enrichi par mon travail, par un effort de mon intelligence, par la lutte, j'aurais à lui répondre. Mais ce n'est pas mon cas. Je ne suis que M. Guillaumanche, un enrichi par le hasard, et je n'ai rien à dire, hormis cependant que c'est précisément pour cela que je tiens tant à ce mariage qui fait de moi quelqu'un dans le monde. Et ce n'est pas seulement parce que je serais le mari d'une Colbosc que je deviendrais quelqu'un, c'est encore parce que ma femme m'élèverait jusqu'à elle. Je l'avoue, quand j'ai entrevu que je pouvais entrer dans votre famille, j'ai commencé par être sensible surtout à un sentiment d'orgueil et d'ambition. Mais quand j'ai mieux connu mademoiselle de Colbosc, quand j'ai vu ce qu'elle était, quand j'ai compris ce qu'elle valait, ces sentiments égoïstes, j'en conviens, ont fait place à d'autres. Ce n'est pas seulement par la naissance, que mademoiselle de Colbosc m'est supérieure, c'est aussi par des qualités d'une tout autre importance, permettez-moi de le dire : l'éducation, la hauteur, la noblesse, la sérénité du cœur. Moi, pauvre diable de parvenu, je n'ai rien de tout cela, mais j'ai l'orgueil de croire que je peux l'acquérir. Et à vivre auprès d'une femme que j'aimerais, je l'acquerrais..., quand ce ne serait que pour me rendre digne d'elle, de son estime, de sa tendresse. Eh bien, j'aime mademoiselle de Colboso, et quelque scrupule que j'aie à parler une langue qui n'est pas celle d'un homme de mon âge, à vous, son oncle, qui lui témoignez une si tendre affection, j'ose dire que je l'aime passionnément. Vous comprenez, vous sentez combien ce refus me désespère.

Ils marchaient sous les arbres du boulevard, et comme ils ne rencontraient que de rares passants, ils pouvaient s'entretenir à peu près librement sans être écoutés ni dérangés; le comte s'arrêta, et prenant la main de Guillaumanche, il la lui serra chaudement.

— Décidément, dit-il, vous êtes bien l'homme que j'avais cru, et cette fâcheuse démarche aura au moins cela de bon, de me montrer ce que vous valez. Avant cette visite, je n'ai pas trop osé vous dire que j'en prévoyais le résultat; cela n'eût guère été encourageant, et d'ailleurs je comptais qu'Hériberte pourrait peut-être toucher sa mère; mais enfin nous avions, ma nièce et moi, agité la question de savoir ce que nous ferions, si comme il était à craindre, nous nous heurtions à un refus, et nous avions décidé de recourir à des actes respectueux. Un signe furtif d'Hériberte m'a dit qu'elle persévérait dans cette résolution, et de ce pas je vais me rendre chez notre notaire pour lui demander de procéder dès demain à cet acte, si vous n'avez pas peur de vivre en état d'hostilité avec votre belle-mère.

— Ce n'est pas ma belle-mère que j'épouse.

— Évidemment ; cependant il était de mon devoir de vous faire cette observation : vous avez vu ma belle-sœur, vous savez quelle femme elle est, et, bien que ce soit la fille que vous épousiez, non la mère, il importe que vous pesiez la situation que votre mariage va créer.

— Mieux que moi, mademoiselle de Colbosc a pu peser justement cette situation ; puisqu'elle l'accepte, je n'ai dès lors qu'à l'accepter comme elle ; et j'ajouterai : avec bonheur.

— Alors, je vais chez le notaire, et dans un mois vous serez mariés. Au reste, je dois dire que si ma belle-sœur est intraitable pour les questions de mésalliance, elle est sous d'autres rapports une très digne et très honnête femme. La façon dont elle a supporté l'adversité le prouve mieux que ce que je pourrais dire. Il y a un mot de Shakespeare qui me revient toujours lorsque je pense à elle, et qui la peint admirablement : elle est l'esclave de sa naissance, et sa volonté n'est pas à elle. C'est là ce qui a empêché ma nièce de se marier jusqu'à ce jour, car les projets de ma belle-sœur égalent ses prétentions ; dans la position où est notre famille, Hériberte, malgré toutes ses qualités, ne pouvait pas trouver le mari que sa mère exigeait. Moi-même je ne pouvais rien pour elle, puisqu'il m'était impossible de la doter de façon à décider un de ces maris aux qualités rares que madame de Colbosc aurait accepté. J'ai neuf enfants, vous le savez ; de plus, notre bien vient de ma femme et lui appartient. Comment, dans ces conditions, doter la chère fille ? C'est le malheur de ceux dont les visées sont trop hautes qu'on n'ose et qu'on ne peut rien faire pour eux.

Ils avaient abandonné le boulevard, et, descendant dans la ville, ils étaient arrivés devant une porte flanquée de panonceaux dorés, — ceux de M° Griolet, notaire.

— Entrez-vous avec moi? demanda le comte.

Mais Guillaumanche n'accepta point : il désirait ne point s'attarder et rentrer à La Senevière aussitôt que possible.

— Ma journée n'est pas finie, dit-il en prenant congé du comte; maintenant que mon mariage est décidé, il me reste à l'annoncer à ma fille, et si cela n'est pas difficile, au moins cela est-il jusqu'à un certain point délicat, — elle était maîtresse de maison, la chère petite !

XII

Dans un pays d'élevage comme Condé, il n'est pas permis à un homme qui se respecte de n'avoir pas de beaux chevaux, réunissant à l'élégance des formes de brillantes allures. Que penserait-on d'un riche propriétaire dont l'attelage aux harnais argentés serait dépassé par le *boc* d'un herbager ou le char à bancs d'un cultivateur? Quand on est vraiment riche et vraiment capable, on ne s'expose pas à pareille humiliation ; car enfin à quoi servent la richesse et la capacité, si ce n'est pas à se faire traîner par des chevaux qui ont du sang et de la vitesse ?

En achetant la terre de La Senevière, Guillaumanche avait tout de suite fait la preuve de sa richesse et de sa capacité, et en moins d'un an il avait été admis, après une expérience faite, « que c'était l'homme à qui l'on ne brûlait pas la rotonde ». Au contraire, c'était lui qui, avec ses trotteurs russes, battait les meilleurs demi-sang du pays. Et ce fait seul lui avait valu la considération en même temps que la sympathie de tous. On lui en aurait voulu, on l'aurait jalousé s'il avait eu des demi-sang meilleurs que ceux de ses voisins ; mais les trotteurs russes sauvaient l'amour-propre de chacun ; c'était bien décidément un homme capable et riche, il n'y avait pas à en douter ; quand on parlait de lui, les discussions ne l'atteignaient pas, elles étaient simplement théoriques et portaient sur l'excellence de l'une ou de l'autre race.

Si vite que fussent ces fameux trotteurs, ils ne pouvaient pas en quelques minutes avaler les six lieues qui séparent Condé de La Senevière : le chemin est tout en côtes et il faut à chaque instant ralentir le train, sinon pour les montées, au moins pour les descentes.

D'ailleurs, bien souvent il ne pensait pas à les mettre dans leur allure : absorbé par sa rêverie, il oubliait qu'il avait des chevaux à conduire, et son domestique assis à côté de lui n'osait le lui rappeler, voyant sa préoccupation.

Quand avec une adroite persistance on lui avait fait comprendre qu'il pouvait devenir le mari de mademoiselle de Colbosc, ce n'avait pas été sans résister qu'il avait accepté cette idée. Que lui, Guillaumanche le parvenu, épousât une Colbosc, était-ce possible ? Ne le traitait-on pas en Georges Dandin ?

La fortune, en se lançant un beau jour à sa tête, ne l'avait pas affolé, il se jugeait et savait à peu près ce qu'il était : un fils de paysan, un petit commis sans éducation sans autre instruction que celle qu'il s'était donnée lui-même au hasard de ses lectures ou de ses voyages, pleine de lacunes et de trous dont il avait vaguement conscience, mais qu'il ne pouvait pas sonder ; avec cela quarante ans, un enfant, et derrière soi vingt années de vie besogneuse en compagnie d'une femme qui n'était pas au-dessus de lui et d'amis qui le valaient : bonne et simple, cette femme, affectueuse et dévouée, braves gens, ces amis, mais tous, elle et eux ses égaux.

Comment mademoiselle de Colbosc, une fille sans fortune il est vrai, mais dotée d'un grand nom, auréolée de sa naissance, apparentée à la noblesse la plus pure, pouvait-elle accepter ce fils de paysan ?

Précisément par cela qu'il était près des paysans, il avait à forte dose leur méfiance instinctive, que la richesse, lorsqu'elle lui était tombée du ciel, n'avait fait qu'aviver. Aussi, lorsque pour la première fois on lui avait parlé de ce mariage, avait-il feint de ne pas comprendre ce qu'on lui disait, n'admettant pas qu'il pût être possible pour lui ; et, sans répondre lorsqu'on avait essayé de préciser, il avait pris son temps pour réfléchir et pour chercher.

Comment n'était-elle pas mariée à son âge ? La pauvreté seule avait-elle écarté les épouseurs? De ce côté, les doutes du petit bourgeois qui ne se fie pas à la vertu des filles de la noblesse avaient été démentis par tous les témoignages ; la jeunesse de mademoiselle de Colbosc avait été irréprochable ; jamais un soupçon, jamais un propos ne s'était élevé contre elle.

Si elle se résignait à ce mariage, c'était donc uniquement sous la pression de la misère et aussi parce que la fascination de la fortune affolait sa conscience.

La constatation de cet état moral, inquiétant dans l'heure présente, l'était encore plus pour l'avenir. Que serait une pareille femme? Où l'entraînerait-elle?

Ces deux questions, qu'il se posait sans pouvoir les résoudre, l'avaient rendu de plus en plus sourd aux ouvertures qui lui étaient faites, si précises qu'elles fussent ; et ce n'avait été que quand il avait vu Hériberte de près, quand il l'avait étudiée dans l'intimité de plusieurs journées passées avec elle qu'il avait compris que si elle était sensible aux avantages de la fortune, elle n'était pas cependant la femme d'argent qu'il avait craint tout d'abord.

Alors seulement il s'était décidé à répondre aux avances de M. de Colbosc et à faire franchement sa demande. Cependant ce n'avait pas été sans arrière-pensée et sans qu'au fond du cœur il lui restât de vagues inquiétudes : ce n'était pas lui qu'elle épousait c'était la fortune qu'il apportait. Elle cédait à son oncle, à sa mère, résignée en apparence, mais au fond de l'âme désespérée peut-être de ce mariage.

Et ces inquiétudes étaient peu à peu devenues pour

lui une angoisse et une douleur, car à voir Hériberte, à l'étudier, son cœur s'était pris, et ce qui tout d'abord avait été inclinaison raisonnée s'était bien vite changé en amour : il l'aimait, cette belle fille, et pour elle il éprouvait des sentiments d'admiration et d'adoration qui, lui semblait-il, n'étaient plus de son âge, et qui cependant le dominaient, l'entraînaient irrésistiblement. Quelle vie serait la sienne, marié à une femme qu'il aimerait passionnément, et qui, elle, ne l'aimerait point ?

Mais voilà que celle qu'il croyait une résignée et désespérée, subissant la volonté des siens pour accepter un mariage odieux, voulait au contraire ce mariage et l'imposait à sa mère.

Toutes ses inquiétudes, ses craintes, ses angoisses n'avaient donc aucun fondement : elle pourrait l'aimer !

C'était avec cette espérance dans le cœur et ce mot sur les lèvres qu'il avait parcouru la route de Condé à La Senevière, ne sachant pas si ses chevaux marchaient au pas ou au trot, s'ils descendaient une côte ou la montaient, ne voyant rien, n'entendant rien, perdu dans sa rêverie.

C'était seulement en apercevant les hautes cheminées du château qu'il avait eu conscience qu'il devait oublier Hériberte pour Nicole, — sa femme pour sa fille.

De ce côté aussi, il n'était pas sans inquiétudes.

XIII.

« Commencé au seizième siècle et continué au dix-septième siècle, le château de La Senevière forme une masse de constructions juxtaposées les unes aux autres, sans autre règle que les besoins du moment. Cependant, malgré ce désordre, il n'en a pas moins grand air quand, du milieu de la vallée, on l'aperçoit de loin, à mi-côte. D'un côté, en contre-bas, s'étalent jusqu'à ses fondations les eaux dormantes d'un étang aux bords ombragés. Et, de l'autre, s'élèvent de grands bois qui montent jusqu'au faîte de la colline où ils rejoignent la forêt d'Érouvre ; sur ce fond de sombre verdure se détachent ses combles élevés, ses cheminées colossales, et çà et là dans sa large façade ornée d'arabesques, ainsi qu'à ses angles, d'élégantes tourelles au toit aigu.

Jusqu'à ces dernières années il avait appartenu aux descendants des La Senevière, et c'était sur saisie immobilière que Guillaumanche l'avait acheté quand le dernier des héritiers de cette vieille et riche famille, ruiné après une jeunesse tapageuse et scandaleuse, l'avait abandonné pour se réfugier dans un petit manoir dont les dispositions testamentaires d'un oncle prévoyant lui avait assuré l'usufruit, et où il vivait besogneux, grand chasseur, grand coureur de jolies filles, l'effroi des gardes forestiers et la terreur des pères.

Lorsque Guillaumanche était arrivé au bord de l'étang que longe la route, la lune se levait derrière le château, dont les combles, les cheminées et les tourelles se profilaient sur le fond lumineux du ciel, tandis que sa large façade restait dans l'ombre, quelques fenêtres seulement jetant des lueurs rouges : celles de la salle à manger, déjà éclairées pour le dîner, et celles de la bibliothèque où à cette heure, Nicole devait être encore au travail avec son institutrice.

Comme il regardait ces fenêtres jusqu'où la vue arrivait librement en passant par-dessus les eaux de l'étang, il aperçut une ombre collée contre les vitres, et si la distance ne lui permit pas de reconnaître sa fille, il la devina : elle était là, la chère enfant, attendant son retour, pensant à lui !

Qu'allait-il être pour elle, ce retour dont elle se faisait fête !

Il avait toujours tendrement aimé cette enfant, mais depuis son veuvage, l'étroite intimité dans laquelle ils vivaient, avaient encore avivé cette tendresse : il n'avait pas de parents, ou tout au moins il n'avait que des parents éloignés qui en réalité ne lui étaient rien, il n'avait guère d'amis et encore étaient-ils plutôt des camarades, elle avait été tout pour lui, et par sa gentillesse, sa douceur, ses qualités affectives, elle lui avait inspiré des sentiments de maternité que ne connaissent pas les pères quand ils sont mariés. Au moment où sa mère était morte, Nicole avait huit ans et elle était en pension aux environs de Paris comme il convient à la fille d'un petit employé qui ne peut pas s'imposer les dépenses d'une éducation particulière. Cependant il l'avait reprise et gardée près de lui ; et sans trop savoir comment il arriverait à payer ces dépenses, il avait fait passer avant tout son isolement et le chagrin de sa fille ; il aviserait ; justement on lui offrait des travaux de comptabilité ; en prenant quelques heures sur son sommeil, il pourrait payer la maîtresse qui viendrait dans la journée. Et tous les soirs après un dîner hâté en compagnie de sa fille, il s'était mis à ce travail, tandis que l'enfant, dans son petit lit, lui criait : « Papa, je ne dors pas, j'entends ta plume ; papa... je... ne... » A la vérité, cela n'avait pas duré longtemps. Un beau jour son oncle, fabricant de savons pour les coiffeurs de province et les parfumeurs de l'étranger, qu'il n'avait pas vu dix fois dans toute sa vie, était mort sans testament, ne laissant que lui pour héritier, et de la médiocrité la plus humble il s'était tout à coup trouvé en pleine richesse. S'il n'avait pas hésité à garder sa fille près de lui, alors que c'était à grand'peine qu'il pouvait lui faire donner une leçon d'une heure tous les jours, à plus forte raison avait-il voulu ne pas l'éloigner, alors même qu'il n'avait qu'à choisir parmi les couvents à la mode. Il lui avait donné une institutrice, et depuis ils ne s'étaient jamais séparés, vivant comme mari et femme, bien plus que comme père et fille, toujours ensemble, à Paris, à La Senevière, en voyage quand il voyageait pour son plaisir comme pour ses affaires.

Et ce qui devait arriver s'était produit : cette petite fille était vite devenue une petite femme qui avait jusqu'à un certain point pris la direction de la maison au moins pour les choses de l'intérieur et surtout pour ce qui touchait son père de près, dans ses habitudes aussi bien que dans ses goûts : sa table, son linge, ses vêtements; pleine de prévenance et de prévoyance; n'oubliant rien; voyant autour d'elle tout ce qui devait être vu; sachant se faire obéir sans se faire détester.

Si sur bien des points cela s'était fait spontanément, en vertu de certaines dispositions de son caractère et de sa nature; sur d'autres elle avait été guidée par son institutrice, heureuse d'exercer son influence et d'agir par son élève dans ce qu'elle ne pouvait pas faire elle-même. Guillaumanche n'était pas assez aveugle pour ne pas voir cette main derrière celle de sa fille, mais jamais il n'avait eu lieu d'en souffrir, ni de s'en plaindre. La direction d'une maison n'entre-t-elle pas dans l'éducation d'une fille. Et puis c'était quelqu'un, cette institutrice : la fille ruinée d'un général, le baron Dauvresse, qui avait eu un nom dans l'armée, et elle lui inspirait trop de considération par la noblesse de ses manières, par l'importance qu'elle se donnait, par les récits de certains événements dans lesquels elle avait rempli des rôles décisifs, qu'il gardait avec elle les plus grands ménagements; une fille de général, une fille de baron qui avait des armes!

Quoi qu'il en fût de la part que mademoiselle Dauvresse avait eue dans la direction que Nicole avait prise de ses mains d'enfant, il y avait un fait : cette direction existait, et elle allait cesser le jour où une femme entrerait dans cette maison.

De même cesserait aussi leur intimité à deux, qui,

à l'un comme à l'autre, au père comme à la fille, avait été si douce.

Et il l'aimait trop profondément, trop tendrement, pour n'être pas ému au moment où il devait lui annoncer cette grave nouvelle.

XIV

Au moment même où Guillaumanche arrêtait ses chevaux au bas du large perron du château, la porte vitrée du vestibule s'ouvrait brusquement : c'était Nicole qui, ayant entendu le frayement des roues dans le gravier de l'allée, accourait au-devant de son père, accompagnée d'un petit chien blanc et jaune.

Il avait à peine mis le pied sur la première marche qu'elle était près de lui, et, avec une effusion de joie, elle l'embrassait longuement.

— Enfin te voilà !

— Est-ce que je suis en retard pour le dîner ?

— Cela ne fait rien, je t'ai commandé un dîner qui peut attendre; ce n'était pas le dîner qui me tourmentait, j'avais peur du brouillard; hier soir il en a fait un très épais, c'était à peine si l'on voyait à deux pas.

Elle lui avait pris une main et, l'attirant, elle lui faisait monter rapidement le perron.

— J'avais bien pensé que tu aurais froid, il y a bon feu dans ta chambre.

Un escalier de pierre, à palier et à rampe de fer

ornée d'oiseaux et de feuillage, conduit du vestibule au premier étage; ne lâchant pas la main de son père, elle le monta avec lui.

En arrivant devant la porte de la chambre, ce fut elle-même qui l'ouvrit; comme elle l'avait dit, un bon feu de grosses bûches de hêtre flambait clair dans la cheminée, et il éclairait la chambre immense de lueurs changeantes qui allaient se perdre dans les angles sombres; selon la force de projection de la flamme, le plafond à caissons semblait s'élever ou s'abaisser. Devant la cheminée, mais à une certaine distance, des vêtements étaient étalés sur une chaise exposée à la chaleur.

— Je t'ai mis chauffer un veston, dit-elle en allant le tâter, il est très chaud; quitte vite ta redingote.

Et comme il ôtait son pardessus en la regardant avec un sourire attendri.

— Si j'avais osé, dit-elle.

— Osé quoi?

— J'aurais aussi mis chauffer tes pantoufles, comme au temps de la rue Claude-Vellefaux, quand tu rentrais pour dîner et que tu étais si content de trouver tes pantoufles sur le poêle, mais qu'aurait dit la générale?

Elle se mit à rire : cette appellation était celle dont elle se servait pour plaisanter les grands airs et les remontrances de son institutrice.

— Elle se serait fâchée. Au château de La Senevière, on ne dîne pas en pantoufles.

Elle prit un air digne et gourmé.

— Cela ne se fait pas, mademoiselle, dit-elle en

imitant le ton de l'institutrice. — Pourquoi, mademoiselle? — Parce que cela ne se fait pas. — Est-ce que tu ne trouves pas cela drôle, toi, papa, qu'on fasse ce qui vous plaît quand on est pauvre, et que quand on est riche on ne puisse plus faire que ce qui plaît aux autres.

— La fortune impose des devoirs, dit-il d'une voix grave.

— Alors quand on est pauvre c'est pour soi et quand on est riche c'est pour les autres.

Il ne trouva pas à propos d'engager une discussion sur ce sujet délicat; il avait remplacé sa redingote par le veston chaud, et il poussait les soupirs de satisfaction d'un homme à son aise.

— Maintenant chauffe tes pieds, dit-elle, le dîner peut attendre.

Elle lui poussa une chaise et quand il fut installé devant la cheminée, les deux pieds exposés à la flamme, elle vint contre lui; il la prit dans son bras, et elle s'appuya la tête contre son épaule.

— N'est-ce pas que j'ai eu une bonne idée? dit-elle.

— L'idée d'une bonne petite fille affectueuse et prévenante.

— Que je suis contente!

Elle se serra contre lui tendrement en lui passant le bras autour du cou.

Ils étaient seuls, il n'avait à craindre ni qu'on l'entendît, ni qu'on le dérangeât, c'était le moment de parler.

Il eut un serrement de cœur et, l'écartant un peu de lui, il la regarda longuement : une bûche en s'effondrant avait lancé une gerbe de flammes pétillantes qui éclairait Nicole en plein, mieux que ne l'eût fait la lumière d'une forte lampe, et elle apparaissait ainsi toute rose, avec des grands yeux sombres, que ses cheveux qui tombaient en boucles frisées sur son front et ses épaules rendaient encore plus profondément sombres qu'ils ne l'étaient naturellement, comme sa robe de peluche grenat rendait son visage plus rose aussi.

— J'ai fait toilette pour ton retour, dit-elle en souriant à l'examen de son père, et pour ton retour aussi je t'ai commandé un dîner que tu vas voir. J'étais si contente, si heureuse !

Si contente ! Allait-il d'un mot couper cette joie, alors qu'elle n'avait pas encore donné tout ce que l'enfant en attendait. Rien ne pressait d'ailleurs. Il parlerait après ce dîner dont elle se faisait fête.

— Si je suis si contente de ton retour, dit-elle en revenant à son père et en lui posant la main sur l'épaule, ce n'est pas seulement pour le plaisir de te revoir, c'est aussi parce qu'en ton absence il s'est passé quelque chose qu'il faut que tu saches et que je te dirai si tu promets de ne pas me gronder.

— Tu sais bien que je ne te gronde pas ; mais enfin je te promets ce que tu demandes.

— Eh bien, hier soir, un peu avant le brouillard, quand la lune se levait, Héloïse et Jean ont vu le Mastré se promener sur les eaux de l'étang.

— Es-tu sotte avec ton Mastré !

— Je sais bien que c'est bête de croire qu'un grand, grand mouton noir se promène au clair de lune sur les eaux et sur les murs, et que quand on le voit cela annonce qu'un malheur est proche. Mais enfin ici tout le monde croit cela ; si je ne le crois pas, c'est parce que je ne l'ai jamais vu, et aussi parce que tu m'as défendu de le croire. Quand Héloïse, en me déshabillant, m'a raconté son apparition du Mastré, je me suis moquée d'elle. Seulement, au milieu de la nuit, j'ai entendu des pas lourds dans le vestibule, et en écoutant, tout au loin, dans l'aile du Nord, comme des gémissements étouffés. Et ça, tu sais bien que c'est vrai, puisque l'aile du Nord est hantée.

— Mais je ne sais pas ça du tout ; c'est le contraire que je sais ; c'est absurde, c'est fou de croire que cette partie du château est hantée ; pas plus celle-là qu'une autre.

— Enfin on le croit et tout le monde le dit : alors le Mastré et les gémissements, cela m'avait toute troublée et je m'imaginais qu'il pouvait t'arriver un malheur ; Bob aboyait plaintivement ; je ne pouvais pas le faire taire.

— Tu vois combien tout cela était fou ; il ne m'est pas arrivé de malheur ; quel malheur voulais-tu qu'il m'arrivât ?

— J'avais peur des voleurs, j'avais peur de tes chevaux, enfin j'avais peur de quelque chose sans savoir quoi, et voilà pourquoi je suis si contente de te voir revenu.

— Eh bien puisque tu te fais fête de ton dîner, allons le manger.

XV

Lorsqu'ils entrèrent dans la salle à manger, l'institutrice s'y trouvait déjà debout devant la cheminée, lisant. Vivement elle posa son livre sur le chambranle, et avec un empressement qui n'excluait pas la dignité dans la démarche elle vint au-devant de Guillaumanche. A la voir s'avancer le sourire aux yeux, aux joues, aux lèvres, dans l'inclinaison de son cou, dans ses deux mains ouvertes dont les paumes frémissaient, enfin dans toute sa personne onduleuse on devinait une femme habile à mettre sa physionomie en accord parfait avec les sentiments qu'elle voulait exprimer. Et cela était d'autant plus remarquable que l'embonpoint de ses trente-huit ans qui emplissait son corsage contrariait singulièrement la flexibilité de ses mouvements. Sans obséquiosité, mais avec une politesse dans laquelle on pouvait lire une respectueuse affection, elle demanda à Guillaumanche des nouvelles de son voyage ; puis l'on se mit à table.

— Si je me suis permis d'insister un peu sur votre voyage, dit-elle, en femme qui sait juste jusqu'où les convenances permettent ou ne permettent pas d'insister, c'est que je voulais donner une leçon à Nicole. Figurez-vous que sur de sottes histoires d'apparitions, à elle racontées par sa femme de chambre, — que j'ai tancée d'importance, — Nicole s'était imaginé qu'il devait vous arriver quelque chose de fâcheux.

— Elle m'a conté cela.

— J'espère que vous l'avez grondée ?

— Certainement.

— Est-il rien de plus absurde que d'ajouter foi à des présages, alors surtout qu'on les base sur des apparitions ?

— On croit ce qu'on voit, ou ce qu'on entend, interrompit Nicole avec une résolution convaincue.

— Avez-vous vu le Mastré ?

— Non, et je n'y crois pas ; mais j'ai entendu des gémissements et j'y crois,

— Mastré comme gémissements, celui-ci comme ceux-là, sont un effet de l'illusion des sens ; on croit voir le Mastré quand certaines conditions de lune et de brouillard se réunissent pour produire cette illusion ; comme on croit entendre des gémissements dans l'aile du Nord quand une réunion de conditions atmosphériques : chaleur, vent, etc., produit certains sons.

— Il ne faisait pas de vent, puisqu'il y avait du brouillard, affirma Nicole.

— Soyez sûre, ma chère enfant, que rien n'est plus facile à expliquer d'une façon raisonnable que tous les faits admis comme surnaturels par le vulgaire ; et je me charge de vous donner ces explications quand vous voudrez. Si un meurtre resté impuni, et par là mystérieux, n'avait pas été commis dans ce château il y a cinquante ans ; si un La Sevenière, n'avait pas été assassiné, soyez certaine qu'on ne s'imaginerait pas entendre les gémissements de la victime demandant vengeance.

— Voilà, il demande vengeance, dit Nicole.

Mais Guillaumanche coupa court aux explications que l'institutrice débitait avec une autorité qui les faisait ressembler un peu trop à une leçon ; il ne voulait pas que Nicole, qui paraissait si heureuse, en se mettant à table, du dîner qu'elle lui avait commandé, fût ennuyée par une leçon. Il ne fut donc plus question que de ce dîner qu'il loua et qu'il mangea avec une gourmandise un peu exagérée ; ne fallait-il pas faire honneur au menu composé par l'enfant en souvenir de leurs festins d'autrefois : soupe grasse, tête de veau à la vinaigrette, foie sauté au vin rouge, oie à la purée de marrons ?

Il était d'usage que mademoiselle Dauvresse ne restât au salon que lorsqu'elle en était priée ; ce soir-là, Guillaumanche voulant être seule avec Nicole, ne lui dit rien et, en sortant de table, elle remonta chez elle.

C'était le moment de l'intimité et de la causerie : Guillaumanche fumait un cigare en parcourant les journaux, et Nicole, sous la lampe, feuilletait des livres à images, en communiquant tout haut ses impressions et ses idées à son père.

Ce soir-là, il en fut comme tous les jours ; seulement Guillaumanche, au lieu de s'asseoir, se mit à marcher par le salon, et à deux reprises il jeta dans la cheminée ses cigares qui ne voulaient pas brûler ; alors Nicole qui l'observait se leva et se dirigea vers la porte.

— Est-ce que tu veux déjà te coucher? demanda-t-il.
— Non, je reviens.

En effet, elle reparut bientôt; les deux mains derrière le dos comme si elle cachait quelque chose, elle s'avança vers son père en souriant.

— Que caches-tu donc ?
— Une surprise. Autrefois, chez nous, rue Claude-Vellefaux, tu ne jetais pas tes cigares au feu avec impatience; dans ton fauteuil, content de te reposer, tu fumais ta pipe et tu n'avais pas cette figure préoccupée. Tiens.

Ramenant ses deux mains en avant, dans l'une elle montra une pipe en écume et dans l'autre une blague.

— Voilà ta pipe; fume-la comme autrefois ; personne ne viendra te déranger.
— Quelle bonne petite fille tu es ! dit-il en l'embrassant.

Elle le poussa doucement vers un fauteuil devant la cheminée, et le faisant asseoir :

— Mets-toi là, au lieu de te promener, et je vais te jouer quelque chose. Qu'est-ce que tu veux que je te joue ?
— Mais ta sonate.

Elle le menaçait du doigt, et courant à un casier à musique placé auprès du piano, elle prit dans un tiroir, cachée sous un amas de musique, une partition de petit format, à la reliure fanée, et, revenant à son père :

— C'est la *Fille de Madame Angot* que je vais te jouer; comme autrefois. Hier, la générale a eu la migraine et j'en ai profité pour revoir *Madame Angot* afin de te la jouer quand nous serions seuls. Nous sommes seuls, personne ne peut venir, à bas la sonate, vive *Madame Angot!* Seulement je vais jouer piano pour que la générale n'entende pas. Qu'est-ce qu'elle dirait?

Courant au piano, elle se mit à jouer l'ouverture, puis après le chœur de sortie « Très jolie, peu polie », puis le chœur des conspirateurs.

Allongé dans son fauteuil avec béatitude Guillaumanche, tout en fumant sa pipe, fredonnait les motifs qu'elle jouait; quand elle arriva à la valse, entraîné par le rythme il se leva et se mit à tourner en chantonnant.

Tournez, tournez, qu'à la valse on se livre.

La porte s'ouvrit et l'institutrice parut :

— Qu'est-ce que c'est? dit-elle sans apercevoir Guillaumanche dans l'ombre.

Mais à ce moment même elle le vit, il était resté un pied en l'air, sa pipe à la main, la bouche ouverte en O, tandis que Nicole, les mains levées, n'osait les poser sur le piano.

Il fallait sortir de cette situation ridicule :

— C'est Nicole, dit-il, qui me montrait... par un exemple, la différence qu'il y a entre la bonne et la mauvaise musique, entre sa sonate et une opérette.. vulgaire.

XVI

Le départ de l'institutrice ne débarrassa pas le père et la fille de la gêne qui les paralysait. Il ne pouvait pas être question de continuer la *Fille de madame Angot*, même pianissimo, et Nicole n'avait aucune envie de jouer sa sonate. Ils restèrent en face l'un de l'autre, sans se regarder, comme deux coupables honteux de leur crime.

C'était une soirée perdue, et pour Nicole d'autant plus tristement perdue qu'elle l'avait préparée et qu'elle en attendait des joies auxquelles elle pensait depuis deux jours.

Après un temps d'attente assez long pendant lequel ils n'échangèrent pas une seule parole, Nicole annonça qu'elle avait sommeil.

— Je monte avec toi, dit Guillaumanche.

A Paris, comme à La Senevière, il avait installé la chambre de sa fille auprès de la sienne, et jamais il ne se couchait sans aller la voir dormir dans son lit, comme jamais il ne se levait sans lui donner un regard.

— Couche-toi, dit-il, et tout à l'heure, quand tu seras au lit, je viendrai te parler.

Elle le regarda longuement, mais sans l'interroger, car il n'était point dans son caractère de poser des questions, alors même qu'elle avait envie de savoir ce qu'on ne lui disait point; puis, laissant son père dans sa chambre, elle passa dans la sienne, où rapidement elle se déshabilla et se mit au lit.

— Je suis couchée, cria-t-elle.

Mais il ne vint point tout de suite, et elle l'entendit marcher dans sa chambre à pas lents, s'éloignant, se rapprochant, tournant de ci, de là, comme lorsqu'on se promène en réfléchissant.

Elle attendit assez longtemps, puis, comme il n'apparaissait point, sa curiosité lui fit risquer une nouvelle tentative, discrète et détournée, comme la première.

— Je ne dors pas, dit-elle.

Et comme il ne répondit pas, au bout de quelques instants, elle en essaya une autre :

— Le sommeil me gagne.

Cette fois, il arriva et vint au lit où elle était pelotonnée, le drap jusqu'au menton comme pour dormir.

— Bonne nuit, papa, dit-elle, comme si elle avait oublié qu'il devait lui parler.

Il l'embrassa à plusieurs reprises, et avec plus de tendresse encore que tous les soirs; mais au lieu de se retirer, il s'assit auprès du lit sur une chaise basse de façon à avoir la tête à peu près à la même hauteur que celle de sa fille en se penchant vers elle, et lui prenant une main dans les siennes :

— Tu sais que je t'aime, n'est-ce pas, mon enfant?

— Oh! oui, papa.

— Tu sais que la place que tu tiens dans mon cœur ne sera jamais amoindrie, par rien... ni par personne.

Cette fois elle se livra, et dans le regard profond qu'elle attacha sur lui il put lire l'émoi et la crainte.

— Oh! papa, papa! murmura-t-elle.

Il y avait tant de tendresse, tant d'angoisse dans ce cri, qu'il resta un moment troublé, n'osant continuer ce qu'il avait préparé; cependant il fallut parler.

— Assurée de mon affection, certain que je suis et serai toujours pour toi ce que j'ai été depuis que nous nous aimons, tu ne souffriras donc pas de quelques changements dans notre vie.

L'émoi se changea en effroi; les pupilles dilatées, les lèvres contractées et tremblantes, la face pâle, elle le regardait, mais sans rien dire, sans crier : Quels changements? »

Il continua :

— Un jour, qui n'est pas maintenant bien éloigné, tu te marieras et je resterai seul.

— Mais non, s'écria-t-elle, en lui jetant les deux bras autour du cou, jamais je ne t'abandonnerai, je ne veux pas me marier.

— Tu ne le veux pas aujourd'hui, mais il arrivera un moment où tu le voudras, où tu le devras. Alors, que deviendrai-je quand je ne t'aurai plus? J'aurai vieilli, je serai plus triste. Il faut penser à ce moment.

— Je t'aimerai toujours, je serai toujours avec toi. Oh! papa, si tu savais comme je t'aime!

— Tu m'aimeras toujours, j'en suis certain, mais tu ne pourras pas toujours être avec moi, près de moi, quand même tu le voudrais; la vie a ses nécessités; un mari, des enfants ont des droits qui l'emportent sur ceux d'un père; tu leur appartiendras et je ne passerai plus qu'après eux.

— Je ne veux pas me marier; si je devais t'abandonner, je ne me marierais jamais.

— Tu te marierais, car alors même que tu ne le voudrais pas, je le voudrais pour toi. C'est le devoir d'un père de marier sa fille, quoi qu'il puisse en coûter à son affection et à sa tendresse, et tu sais bien que je ne suis pas homme à manquer à mes devoirs. Il est donc fatal qu'un jour ou l'autre, à quarante-cinq ou quarante-huit ans, cinquante ans, si tu veux, je dois te voir sortir de cette maison pour aller vivre dans celle de ton mari avec lui et avec tes enfants. As-tu pensé à cela?

— Non, papa; ce n'est pas avec un mari que j'arrange ma vie, c'est avec toi, c'est toi que je vois toujours, c'est toi qui fais tout, c'est à toi que je dis tout.

— Tes idées sont celles d'une enfant de ton âge qui aime son père...

— Oh! si tu savais combien!

— ... Les miennes sont celles d'un homme qui a l'expérience. Il y a des gens qui peuvent vivre seuls, sans affection comme sans soins, heureux de n'avoir à s'occuper que d'eux. Je ne suis pas de ceux-là. Et cependant par la fatalité des choses ce serait mon sort si je ne prenais pas mes précautions contre cet avenir.

Il entassait les phrases par-dessus les phrases, tournant autour de la même idée, la répétant sans oser formuler sa conclusion dans un mot franc et net.

Et cependant le regard éperdu qu'elle plongeait en lui, l'anxiété avec laquelle elle l'écoutait, l'oppression qui la serrait à la gorge auraient pu l'avertir qu'elle l'avait deviné, et que le mot qu'il n'osait pas prononcer, elle l'aurait déjà crié, s'il n'était pas justement dans sa nature de ne rien crier, de ne jamais se livrer.

— Enfin, dit-il, c'est dans ces conditions que je me suis décidé à me remarier.

Cette fois, l'émotion fut la plus forte; un cri lui échappa, si douloureux, si déchirant qu'il n'aurait pas pu l'être davantage, si elle avait été frappée d'un coup de couteau en pleine poitrine; en même temps, un flot de larmes jaillit de ses yeux irrésistiblement.

Guillaumanche avait bien prévu que sa fille n'apprendrait pas son mariage sans chagrin, mais il n'avait pas cru à cette crise de douleur; bouleversé par ce cri, il restait penché sur elle, ne trouvant rien à dire.

Elle pleurait toujours par saccades, faisant bien manifestement des efforts pour se retenir.

— Oh! Nicole, quelle peine tu me fais! dit-il avec un accent où il y avait plus de désolation que de reproche.

— Pardonne-moi, oh! papa, pardonne-moi; si tu savais...

Et les sanglots lui coupèrent la parole.

— Si je savais, quoi?

— Elle voulut répondre à cette interrogation, mais il ne sortit de sa gorge que des mots entrecoupés, inintelligibles.

— Je te fais de la peine... je te fais de la peine.

— Je voudrais que tu fusses plus raisonnable.

— Je le serai, je t'assure que je le serai ; il faut me pardonner, c'est la surprise ; j'aurais tant voulu ne pas te faire de peine ; je m'habituerai, je te promets ; bien sûr tu as raison, il ne faut pas que tu sois seul ; si je mourais, tu serais seul, c'est vrai, je n'avais pas pensé à cela ; j'y pense maintenant, je vois combien tu as raison.

Elle refoula un dernier sanglot, et, avec la manche de sa chemise de nuit s'essuyant les yeux, elle s'efforça de sourire en regardant son père.

— Bien sûr, tu as raison, répéta-t-elle.

Se soulevant, elle se pendit à son cou en l'embrassant ; mais elle s'était trompée sur la force de sa volonté ; comme il l'embrassait aussi, elle repartit à pleurer.

— Écoute-moi, dit-il en lui passant doucement la main sur les cheveux, et tu verras que tu n'es pas raisonnable de te désoler ainsi.

— C'est de t'avoir fait de la peine que je me désole.

— Ce ne sont pas uniquement des considérations personnelles qui m'ont décidé à un nouveau mariage, et si je n'avais pas pensé qu'il te serait utile à toi...

— Utile à moi !

— ... Je t'affirme que je ne l'aurais pas accepté ; pour moi seul, je ne me serais pas marié.

La curiosité fit ce que la volonté n'avait pas obtenu, les larmes de Nicole s'arrêtèrent ; elle ne pensa plus qu'à écouter, à comprendre ; elle avait foi en son père et n'admettait pas que ce qu'il disait pût n'être pas vrai, mais ce qu'il disait, elle ne le comprenait pas : c'était pour elle qu'il se mariait; pour elle !

— Il ne faut pas t'imaginer, mon enfant, que nous sommes toujours ce que nous étions rue Claude-Vellefaux, au temps où tu aimes à te reporter...

— Nous étions si heureux !

— Un grand fait s'est passé depuis ce temps ; un héritage nous est tombé du ciel ; alors nous étions maîtres de nous ; maintenant c'est cet héritage qui est notre maître ; si cette fortune nous appartient, nous lui appartenons aussi, elle nous impose des devoirs que nous devons remplir. Riche, et tu es riche, très riche, il faut que tu apprennes à faire usage de ta richesse, et que tu aies la vie, les habitudes, les manières, les idées d'une fille riche. Qui te les donnera, ces habitudes et ces idées ? Moi je ne suis qu'un parvenu et je n'ai pas reçu cette éducation.

— La générale.

— La générale est une déclassée, et, aux yeux du monde, ceux qui sont tombés du rang qui était le leur sont aussi ridicules que ceux qui ont été élevés par le hasard à un rang qui ne leur appartient pas. C'est un métier que d'être riche et qui ne s'improvise pas plus que n'importe quel autre métier ; il faut l'apprendre ; ceux qui croient le savoir sans l'avoir appris ne font que des sottises qui les rendent un objet de risée et les paralysent dans ce qu'ils entreprennent de bien ou de bon. S'il y a une grammaire pour apprendre l'orthographe à ceux qui ne la savent pas, il n'y en a point pour enseigner la science de la vie et du monde à ceux qui l'ignorent. C'est par des leçons vivantes qu'on reçoit cette science difficile et compliquée, c'est par un contact journalier avec ceux qui les pratiquent. La femme que j'ai choisie te formera à cette science, non par les leçons plus ou moins ennuyeuses comme le pourraient être celles d'une institutrice, mais par l'exemple; non en te tourmentant, mais en t'amusant; notre vie n'est pas toujours bien gaie.

— Mais si.

— Elle n'est pas ce que devrait être celle d'une fille de ton âge, de ta condition, et surtout celle de l'âge que tu auras bientôt : à une jeune fille de quinze ans...

— Je n'ai pas quinze ans.

— Quand tu les auras, il te faudra des distractions mondaines que je ne peux te donner ; il faudra te conduire dans des réunions, dans des fêtes où je serais déplacé et où nécessairement nous n'irions pas, ce qui serait aussi préjudiciable à tes plaisirs qu'à tes intérêts, au moins à ceux de ton mariage qui, pour une fille riche comme tu le seras, doit se faire dans un certain monde. C'est dans ce monde, c'est dans ce milieu qui m'est fermé, que t'introduira mademoiselle de Colbosc...

— Ah !... c'est mademoiselle de Colbosc !

— Pouvais-je faire un meilleur choix? Plus tard, quand tu connaîtras la vie, tu seras fière d'avoir mademoiselle de Colbosc pour belle-mère, et présentement, c'est-à-dire après notre mariage, tu en seras heureuse, car elle ne tardera pas à gagner ton cœur. Elle a déjà pour toi une tendre sympathie qui se changera bien vite en affection. Je l'ai interrogée à ton sujet, et ce sont ses propres paroles que je te rapporte. Quant à toi, il m'a semblé que tu étais attirée vers elle, qu'elle te plaisait...

— Je ne savais pas.

— Si elle te plaisait quand elle ne t'était qu'une étrangère, il n'y a pas, il n'y aura pas de raisons pour qu'elle ne te plaise pas, pour que tu ne l'aimes pas quand elle sera ta belle-mère, car je connais les qualités de son cœur, et je suis sûr qu'elle sera pour toi aussi bonne que tendre. Quant à toi, je compte que tu seras pour elle la brave petite fille que tu es réellement, et je te demande comme une marque d'affection, la plus grande que tu puisses me donner, de tout faire de ton côté pour que nous soyons tous heureux.

— Sois tranquille, cher papa, je ne te ferai plus jamais de peine, je te le promets.

Elle se jeta à son cou et le serra dans une longue étreinte en l'embrassant.

— Tu vois, je ne pleure plus ; je ne pleurerai plus.

— Tu vas dormir.

— Oh ! oui dormir... dormir ; bonsoir papa, bonne nuit.

XVII

Malgré sa promesse, Nicole ne s'endormit point; par la porte qui faisait communiquer les deux chambres, restée ouverte comme toutes les nuits, son père l'entendit pendant longtemps s'agiter dans son lit, soupirer, et même, lui sembla-t-il, plus d'une fois pleurer à sanglots étouffés, comme si elle s'enfonçait la tête dans son oreiller.

Pauvre petite, le coup avait été rude, et plus dur même qu'il n'avait prévu. Elle l'aimait trop tendrement.

Et assis devant sa cheminée où le feu s'éteignait, ne lançant plus que de temps en temps quelques lueurs rouges dans les cendres blanches, c'était avec une émotion attendrie qu'il écoutait, retentissant encore dans son cœur, l'écho du cri qu'elle avait poussé; mais c'était aussi sans inquiétude.

Hériberte, il en avait la certitude, serait pour elle ce qu'il avait dit. Toutes les belles-mères ne sont pas des marâtres. Et sûrement Hériberte n'en serait point une. Cette affection dont il avait parlé se réaliserait : Hériberte s'attacherait à Nicole, Nicole aimerait Hériberte, et il aurait la joie de voir sa fille élevée par une femme qui pour lui était douée des plus rares et des plus hautes qualités.

Cependant, dans son lit l'enfant s'agitait toujours,

mais si la respiration était encore haute, elle était moins saccadée; il n'entendait plus de sanglots étouffés; elle se calmait bien évidemment et bientôt elle allait s'endormir.

De même le calme se ferait dans son cœur, et, après les premières journées de trouble et de tourment, elle envisagerait ce mariage plus raisonnablement; c'était la surprise qui l'avait jetée hors d'elle-même; le temps accomplirait son œuvre d'apaisement, et lorsque Hériberte entrerait dans cette maison, Nicole serait pour elle ce qu'elle avait été pour mademoiselle de Colbosc alors que, ne pouvant pas prévoir que celle-ci deviendrait un jour sa belle-mère, une sympathie instinctive l'avait attirée vers elle; l'essentiel était que cette sympathie existât et, puisqu'elle s'était manifestée dans le passé, on pouvait tout en attendre pour l'avenir.

Tout en suivant sa pensée, il prêtait l'oreille : tout bruit avait cessé, on n'entendait plus ni mouvements, ni soupirs, elle dormait.

Quelle vie heureuse ils allaient avoir lorsqu'ils seraient tous les trois réunis ! Quelle fille accomplie Hériberte ne ferait-elle point de Nicole ! Et plus tard elle la marierait : c'était depuis longtemps déjà un souci pour lui que le mariage de sa fille, et, bien que le moment en fût encore éloigné, une inquiétude. Il avait peur de cette responsabilité, se sentant incapable de faire un bon choix, satisfaisant sous tous les rapports, et ne voyant pas dans le monde où la fortune l'avait bombardé un mari vraiment digne d'elle.

Les hommes sont mal habiles pour juger les bons

ou les mauvais maris. Hériberte aurait pour cet examen des yeux de femme, des yeux de mère, et d'ailleurs ce mari elle pourrait le trouver dans un milieu où lui qui n'était qu'un parvenu n'avait pas de relations. De quelque côté qu'il regardât il ne voyait donc pour Nicole et pour lui que des promesses de bonheur dans ce mariage.

Comme il laissait son esprit suivre cette pensée et s'envoler sur les ailes de la fantaisie, à demi engourdi dans son fauteuil, les pieds dans les cendres chaudes, bercé par le vent qui seul troublait le silence de la nuit, il entendit un cri d'effroi éclater dans la chambre de sa fille avec des gémissements.

Instantanément il fut sur ses pieds et, prenant sa lampe, il courut auprès de l'enfant.

— Qu'as-tu ? Me voilà.

Sans savoir ce qui se passait, il s'attendait à la trouver éperdue d'épouvante ; il l'aperçut dans son lit lorsque la lumière de la lampe tomba en plein sur son visage, les yeux fermés, comme si elle dormait.

Et de fait elle dormait réellement ; ce fut seulement lorsqu'il ne fut qu'à deux pas d'elle qu'elle ouvrit les yeux, et d'un mouvement brusque, en jetant ses deux bras en avant, qu'elle s'assit sur son lit ; elle tremblait, ses dents claquaient, son front était couvert de sueur, son visage pâle était mouillé de larmes.

— Oh ! papa, papa, s'écria-t-elle.

— Qu'as-tu ?

— Le *mastré*, là, là.

Elle mit sa main sur sa poitrine avec une expression d'anxiété poignante.

— Là.

— Tu sais bien qu'il n'y a pas de *mastré*.

— Il m'étouffait.

Guillaumanche eut un geste d'impatience.

— Ne m'en veux pas, je sais bien qu'il n'y a pas de *mastré*, mais enfin je l'ai vu, pardonne-moi; je t'ai donc réveillé.

— Je n'étais pas couché, je t'ai entendu gémir, je suis venu.

— Ce n'est pas ma faute

— Je ne veux pas te gronder, mais il faut être raisonnable.

— Je t'assure que je voulais être raisonnable; si tu savais comme je me suis appliquée pour dormir, mais le sommeil ne voulait pas venir. Il ne voulait pas, c'était plus fort que moi, j'en pleurais. Enfin, je ne sais pas après combien de temps il est venu. Mais voilà que tout à coup j'ai senti que je suffoquais, je voulais respirer, je ne pouvais pas, l'air me manquait, j'avais un gros poids sur la poitrine, et elle ne pouvait pas se soulever. C'était le *mastré* qui m'écrasait de ses quatre pattes. Je n'ai pas eu peur tout de suite. J'ai voulu le chasser. Je n'ai pas pu remuer les bras. J'ai voulu me lever pour le faire tomber, je n'ai pas pu. Il restait les quatre pattes posées là...

Elle montra le creux de son estomac.

— Et il me regardait avec des yeux tristes, tristes comme s'il me plaignait ou comme s'il avait un malheur à m'annoncer.

Elle baissa la voix.

— Les yeux que tu avais quand tu es venu me dire

que maman était morte. Alors j'ai eu peur... si grand'-
peur...

Et tout son visage exprima l'épouvante comme si
elle voyait encore ces yeux tristes. Puis, se jetant au
cou de son père :

— Je sais bien que c'est fou, les bêtes ne peuvent
pas annoncer des malheurs, il n'y a pas de *mastré*,
mais dis-le-moi, papa, je t'en prie, dis-le-moi.

— Mais certainement, c'est fou ; tu as fait un mauvais rêve, voilà tout.

XVIII

Bien qu'il fût un jeune notaire, Griolet était connu
pour ne s'étonner de rien ; l'absurde, le grotesque,
le monstrueux, l'invraisemblable, le criminel le laissaient également impassible ; il accueillait tout par le
même mot : « Très bien, je vous ai compris » ; et à
ce qu'on lui demandait il n'opposait jamais que des
objections juridiques, ayant pour règle de conduite
que l'ancien notariat *conseilleur* devait être remplacé
par un nouveau notariat simplement *enregistreur*.

Cependant, quand il reçut la visite du comte de
Colbosc et quand celui-ci lui expliqua qu'il venait ré-
clamer son ministère pour adresser des sommations
respectueuses à la marquise aux fins de procéder
au mariage de sa nièce Hériberte avec M. Guillaumanche, il ne put pas retenir un geste de surprise, le

premier qui lui eût échappé depuis qu'il était notaire.

Mais tout de suite il se remit, et sa phrase habituelle lui monta aux lèvres naturellement :

— Très bien, monsieur le comte, je vous ai compris.

Ce qu'il avait surtout compris, c'était que le contrat de mariage qui suivrait l'acte respectueux serait rémunérateur : vingt millions d'apports ! très bien, je vous ai compris, et le premier trouble de joie lui faisait oublier madame de Colbosc pour la note des honoraires ; c'était vraiment une bonne aubaine, un billet de loterie sur lesquels il ne comptait pas ; il n'y aurait pas que cette note d'honoraires d'ailleurs ; en manœuvrant adroitement, il pouvait devenir le notaire de Guillaumanche.

Cependant, il fallait paraître s'occuper de ses clients.

— Quel âge au juste a mademoiselle de Colbosc ? demanda-t-il.

— Vingt-six ans.

— Un seul acte respectueux suffit donc, et après un mois il peut être procédé au mariage. Quand désirez-vous que je me transporte chez madame de Colbosc ?

— Aussitôt que possible.

— Demain, alors. Mademoiselle de Colbosc sera-t-elle chez sa mère.

— Mais, sans doute.

— Les formalités n'en seront que plus simples.

La loi a voulu que pour l'acte respectueux, le notaire fût assisté de deux témoins ou d'un second notaire ; aussitôt que le comte de Colbosc fut sorti du cabinet de Griolet, celui-ci prit son chapeau et courut chez un de ses collègues : la nouvelle qu'il venait d'apprendre était trop grosse pour qu'il n'eût pas hâte de la partager avec quelqu'un, et cela sans compromettre le secret professionnel.

Il avait l'air si irrésistiblement vainqueur lorsqu'il entra chez son collègue, le chapeau incliné sur l'oreille, le nez au vent, les yeux à quinze pas, un sourire important sur les lèvres, que le collègue étonné lui demanda ce qui se passait.

— Je viens simplement vous prier de me dire à quelle heure vous serez libre demain : il s'agit d'un acte respectueux.

— Où ?

— Ici.

— Alors quand vous voudrez, votre heure sera la mienne.

Au lieu de « où » le premier mot qui était venu à l'esprit du collègue avait été « chez qui », et s'il ne l'avait point dit c'était qu'il connaissait son Griolet : il n'avait qu'à attendre.

— Vous ne me demandez pas qui se marie ?

— Tiens, c'est vrai.

— Devinez ! — Seulement cherchez dans l'incroyable, l'invraisemblable, l'impossible.

— Riche ou pauvre ?

— Riche, très riche d'un côté; pauvre, très pauvre de l'autre.

— Noble ou bourgeois ?

— Noble, très noble d'un côté; roturier, plus que roturier de l'autre.

— Mademoiselle de Colbosc?

— Juste; mais le mari?

— Très riche, très roturier? Et mademoiselle de Colbosc accepte ce mariage; est-ce possible?

— Je vous ai dit que c'était invraisemblable et impossible.

— Alors, nommez le mari; je renonce à le chercher.

Ce fut seulement après un long temps de silence narquois que Griolet donna ce nom.

— Guillaumanche! Vous vous moquez, n'est-ce pas?

Mais quand son incrédulité fut réduite par des affirmations solennelles, il trouva quelques mots de remerciment :

— Mon cher Griolet je n'oublierai jamais ce que vous avez fait pour moi dans cette circonstance en me donnant le spectacle de la tête de la marquise quand nous allons lui notifier l'acte respectueux.

— Le fait est que ce sera drôle.

— Je la vois d'ici.

L'un était le notaire du monde de la noblesse, l'autre le notaire du monde bourgeois et industriel, en apparence irréparablement divisés comme leurs clients. Un même éclat de rire les réunit, et ce fut la tête que ferait madame de Colbosc le lendemain qui opéra ce miracle; on n'avait pas tous les jours des occasions de rire à Condé; oh! la bonne tête! et ils repartaient à rire.

Ce fut en riant qu'ils se séparèrent, et ce fut en riant aussi qu'ils s'abordèrent le lendemain devant l'hôtel de Colbosc où ils s'étaient donné rendez-vous ; mais aussitôt que la porte s'ouvrit, ils mirent sur leur visage la discrétion et le sérieux du parfait notaire.

Lorsqu'on les introduisit dans le salon, ils y trouvèrent la marquise de Colbosc et Hériberte.

Le notaire Griolet n'était pas un personnage assez considérable, même assisté d'un collègue, ainsi qu'il eut le soin de le faire savoir dans sa phrase de salutation, pour que madame de Colbosc daignât se mettre en frais de politesse pour eux ; de la main elle leur fit signe de s'asseoir, puis tout de suite, sèchement, d'un mot, elle demanda le motif de cette visite.

— C'est à la requête de mademoiselle Hériberte de Colbosc, votre fille... majeure, ici présente, que nous agissons, dit Griolet en saluant Hériberte, aux fins de vous demander votre consentement à son mariage avec M. Guillaumanche.

— Et si je refuse ce consentement, dit madame de Colbosc impassible, qu'arrivera-t-il, je vous prie ?

— Si vous refusiez, nous devrions vous notifier un acte respectueux qui aurait pour résultat de permettre la célébration du mariage, malgré votre refus, et après un délai d'un mois.

— Alors notifiez cet acte, répondit la marquise, je refuse ce consentement.

A la façon dont ces quelques mots étaient prononcés il semblait inutile d'insister ; cependant Griolet, bien qu'il ne fût pas *conseilleur* avec ses clients, crut devoir manquer à sa réserve habituelle, espérant que mademoiselle de Colbose et surtout Guillaumanche lui en sauraient gré.

— Si, par son refus, madame la marquise pouvait empêcher un mariage qui ne lui agrée point...

— Il m'outrage.

— ...Je comprendrais qu'elle persistât dans ce refus ; mais comme malgré son opposition il pourra être procédé au mariage dans le délai d'un mois, peut-être vaudrait-il mieux ne pas aller jusqu'à l'acte respectueux qui constatera un dissentiment toujours fâcheux.

— Je vous remercie de vos conseils, mais j'envisage la question à un autre point de vue, et c'est précisément parce que cet acte que vous appelez respectueux et que moi j'appelle scandaleux, constatera mon refus que je tiens à aller jusque-là... pour mon honneur et pour l'honneur de ma maison. Faites donc, monsieur, et aussi vite que possible ; vous connaissez mes intentions, je n'ai rien à y changer ni rien à y ajouter.

Griolet n'insista pas, et vivement comme on le lui demandait il procéda aux formalités prescrites par la loi pour l'acte respectueux et la notification.

— Je suis volé ! dit le collègue lorsqu'ils se retrouvèrent sur le boulevard, la tête de cette diable de femme ne m'a pas fait rire du tout, elle m'a plutôt fait peur : il faut vraiment que Guillaumanche soit bien simple ou bien fort pour accepter une pareille belle-mère.

— Que voulez-vous qu'elle lui fasse ?

— Tout.

XIX

Hériberte n'avait pas dit un mot pendant la visite des notaires, restant immobile sur sa chaise, silencieuse, en apparence absorbée par le livre qu'elle tenait entre ses mains, comme si ce qui se passait, ce qui se disait n'avait aucun intérêt pour elle, n'ayant fait qu'un mouvement quand Griolet avait parlé de « mademoiselle Hériberte de Colbose ici présente », pour répondre par une courte inclinaison de tête au salut du notaire.

Ce fut seulement après les avoir conduits à la porte qu'elle prit la parole en revenant vers sa mère :

— Me permettez-vous de vous demander, dit-elle, quelles sont vos intentions relativement à vos rapports avec M. Guillaumanche ?

— Mon intention est de n'avoir aucun rapport avec ce particulier.

Hériberte ne broncha pas.

— Est-ce seulement jusqu'au mariage, ou bien est-ce aussi après le mariage.

— Jusqu'au mariage ; après je verrai... s'il se fait.

— Il se fera.

— Alors je vous dirai mes intentions.

— Puisque vous ne voulez pas recevoir M. Guillaumanche chez vous, je dois vous prévenir que jusqu'au mariage, je le verrai une fois par semaine chez mon oncle.

— Rien ne m'étonne plus de vous... ni de votre oncle.

— Pardonnez-moi d'insister sur un sujet qui vous est pénible...

— Pénible !

— ... Mais puisque je l'ai abordé, je vous prie de me dire si mon mariage se fera ici ou chez mon oncle?

— S'il se fait, ce sera ici.

— Assisterez-vous au contrat?

— Qui vous défendrait ?

— Où la corbeille doit-elle être envoyée ?

— Ça envoie une corbeille ces gens-là... ou un panier ?

— Panier ou corbeille, est-ce ici ou ailleurs que l'envoi doit être fait ?

— Ici.

La semaine suivante, le lundi, une voiture aux armes des Colbosc, s'arrêta devant l'hôtel : on venait prendre Hériberte pour la conduire chez son oncle où elle devait passer la journée et dîner avec Guillaumanche.

Lorsqu'elle revint le lendemain et qu'elle reprit sa place habituelle dans le salon, auprès de sa mère, l'attention de la marquise fut attirée par un scintillement bleu qui éclairait la main pâle de sa fille.

— C'est votre bague de fiançailles? demanda-t-elle.

— Oui, ma mère, répondit Hériberte, assez surprise d'une pareille demande.

— Montrez un peu.

Alors Hériberte comprit ce qu'il y avait sous cette demande : le désir de déprécier ce cadeau et d'humilier celui qui l'avait fait ; cependant, elle retira la bague de son doigt et la passa à sa mère.

C'était un gros saphir entouré de diamants ; le chaton était assez grand pour couvrir la phalange du doigt et la pierre d'un bleu céleste.

Madame de Colbosc la tourna et la retourna, l'examinant sous toutes ses faces.

— Il sait compter, dit-elle en la lui rendant ; il ne vous a pas donné un rubis.

— Il s'est conformé à l'usage.

— Il connaît donc l'usage ; enfin, c'est convenable.

Mais ce qui fut plus convenable encore et de beaucoup, ce fut la corbeille, lorsqu'elle arriva, trois semaines après, apportée par deux laquais à la nouvelle livrée de Guillaumanche qu'Hériberte avait choisie, — tabac galonné d'argent ; la veille M. de Colbosc avait envoyé le trousseau qu'il offrait à sa nièce, et il y avait joint un petit carnet dans lequel se trouvaient deux billets de cent francs pour les donner aux domestiques.

Ils avaient tous les trois, le comte, Guillaumanche et Hériberte, agité la question de savoir où l'on placerait cette corbeille, si on l'exposerait dans le salon, ou si on l'entasserait dans un coin, sans pouvoir rien décider, puisqu'ils ignoraient les volontés de la marquise.

— Qu'est ça ? demanda madame de Colbosc en voyant entrer les laquais dans la cour.

— Ma corbeille, répondit Hériberte; où faut-il la mettre?

— Ça dépend de quoi elle se compose. Y a-t-il des objets de prix?

— Oui.

— Vraiment de prix?

— De grand prix.

— Alors, faites déposer votre panier dans le salon, et tirez parti de votre ignominie; c'est demain mercredi; puisque vous vous vendez, il est bon qu'on sache le prix d'une Colbosc.

Pour cette corbeille de mariage qui cause si souvent tant de joie et tant d'orgueil aux jeunes filles, l'accueil était dur et il coupait cruellement la satisfaction qu'Hériberte aurait eue à la montrer à sa mère en l'examinant elle-même, car si elle en connaissait à peu près le contenu, elle ne l'avait pas vu cependant.

Ce fut une affaire d'installer dans le salon le grand coffre en laque et les nombreux cartons que portaient les laquais. Madame de Colbosc ne donna pas un ordre pour cet arrangement qu'elle regarda d'un air dédaigneux.

— Eh bien! voyez ce qu'il y a là dedans, dit-elle à sa fille, quand les domestiques furent partis, puisque vous vous mariez pour ça.

Ce qu'il y avait là-dedans, le coffre ouvert, c'était un collier de perles à dix rangs qui devait couvrir la poitrine entière, une couronne comme celles des madones avec des pierres de couleur, émeraudes, rubis, saphirs; puis dans les autres écrins des bracelets, des plaques de corsage, des boucles d'oreille, une montre ancienne et dans un coin une bourse dont les mailles laissaient voir des pièces de cent francs toutes brillantes, toutes neuves ; des joyaux princiers.

Dans les tiroirs, des dentelles à profusion. Dans les cartons, des fourrures ; une robe en point d'Alençon, des sorties de bal.

Madame de Colbose était tout d'abord restée assise à sa place, sans que sa fille pût croire qu'elle portait attention à rien. Mais, à l'ouverture de l'écrin contenant le collier de perles, elle avait braqué son lorgnon ; à celle du haut écrin où était enfermée la couronne, elle s'était levée pour venir au coffre comme si elle était irrésistiblement attirée par le tourbillon lumineux que dégageaient ces pierres superbes.

Elle passa ainsi l'inspection de tous les écrins, de tous les tiroirs, de tous les cartons, sans prononcer un mot. Quand elle eut vu le dernier de ces cartons, elle se décida cependant à desserrer les dents et à laisser tomber une parole :

— Allons, il n'y a rien à dire.

XX

Un bel omnibus tout flambant neuf, conduit par un superbe cocher décoratif, ne promène pas dans une petite ville deux grands diables de laquais en livrée resplendissante sans attirer l'attention et la curiosité des badauds ? Où va-t-il ? A qui appartient-il ?

On l'avait vu prendre le boulevard, et quand il s'était arrêté devant l'hôtel de Colbosc, on avait été fixé : c'étaient les cadeaux que M. Guillaumanche envoyait à sa fiancée ; instantanément une traînée de poudre s'était allumée par toute la ville ; dans les rues les plus éloignées, on parlait de trois carrosses qui stationnaient devant l'hôtel de Colbosc et de dix laquais qui ployaient sous le poids des cadeaux ; aussi voyait-on des gens qui couraient vers le boulevard comme ils auraient couru au feu ; ils étaient nombreux ceux qui avaient désiré franchir cette porte pour entrer dans cette bicoque croulante qui vous faisait quelqu'un, mais jamais ils ne l'avaient été autant que ce jour-là. Quel prétexte inventer pour entrer ? Plus d'une femme regretta amèrement le mariage roturier qu'elle avait eu la faiblesse de faire ; car enfin si elle avait voulu !

Le lendemain, dès deux heures et demie, on voyait des groupes se diriger vers le boulevard, et c'était avec un sentiment d'envie que ceux qui n'étaient pas admis chez madame de Colbosc les regardaient passer : étaient-ils heureux !

Cependant ceux qui avaient qualité pour faire leur visite à la marquise, n'étaient pas sans inquiétude : la corbeille serait-elle exposée dans le salon ?

Les avis étaient partagés : les uns disaient que la marquise, après s'être opposée au mariage avec une obstination si tenace, ne pouvait pas souffrir que cette corbeille qui allait renouveler son humiliation fût exposée dans son salon et outrageât ses regards pendant plusieurs jours ; les autres insinuaient que si cette corbeille était ce que quelques indiscrétions pouvaient faire prévoir, la marquise l'accepterait très bien ; d'ailleurs, ce n'était pas pour rien qu'on l'avait apportée, et ceux-là avaient des sourires qui en disaient long sur la marquise.

De deux heures et demie à six heures, tout ce qui dans la ville et dans les environs, pouvait à un titre quelconque se présenter chez madame de Colbosc, traversa son salon. Ce fut un défilé ; cent fois, au milieu des mêmes exclamations d'admiration, le même mot fut répété :

— C'est princier !

Le délabrement des tentures et des meubles de ce pauvre vieux salon si usé n'avait jamais été plus sensible qu'aux feux de ces diamants et de ces pierreries, qu'aux clartés soyeuses des fraîches étoffes, qu'aux blancheurs lumineuses des dentelles.

Il n'y eut pas que de l'admiration, l'envie aussi mordit plus d'un cœur, et celles qui jusqu'à ce jour avaient par bonté d'âme et solidarité féminine, trouvé des excuses à la faiblesse d'Hériberte, sortirent exaspérées contre elle.

— On ne se vend pas plus impudemment.

Mais le mot qui devint celui de toute la ville fut dit par une de ces envieuses qui avait le sang-froid de mettre ses fureurs dans une épigramme. Comme on lui disait en sortant de l'hôtel de Colbosc qu'il ne manquait rien à cette corbeille « princière » :

— Si, dit-elle, il y manque quelque chose.

— Et quoi donc ?

— Quelque chose que j'ai vainement cherché et que le passé du fiancé promettait cependant : — un assortiment de parfumerie.

Cette allusion à l'origine de la fortune du fiancé fut déclarée délicieuse ; on se la répéta partout ; elle consola bien des cœurs ; la morale publique se trouva vengée.

C'était ce jour-là même, à huit heures du soir, que devait être signé le contrat, à l'hôtel de Colbosc, où la marquise avait consenti à recevoir son futur gendre. Ne fallait-il pas qu'elle fût là pour défendre sa fille, bien que les points principaux des « conventions matrimoniales » eussent été arrêtées entre le comte de Colbosc et Guillaumanche : régime de la communauté, donation par le futur époux à la future épouse, sous la condition de survie du donataire, etc. Il lui eût été trop pénible de discuter un pareil sujet ; mais, en fin de compte, il fallait bien qu'une fois elle acceptât ce supplice. Personne n'avait été invité à la signature ; Griolet ou un clerc passerait chez les amis de la famille les ferait signer sur des feuilles blanches qu'on ajouterait au contrat.

A huit heures précises, le comte de Colbosc accompagné de Guillaumanche et de Griolet fit son entrée dans le salon que la marquise n'avait pas fait éclairer plus que les soirs ordinaires.

Ce ne fut pas sans émotion que Guillaumanche s'avança pour saluer sa belle-mère, et encore resta-t-il à distance.

Quand Griolet se fut installé avec ses papiers et

qu'il eût haussé la mèche de la lampe qui n'en donna guère plus de lumière, la lecture du contrat commença.

Pendant les premiers articles madame de Colbosc ne fit aucune observation ; elle écoutait la tête renversée en arrière, les yeux au plafond, dans l'attitude d'un condamné qui écoute son jugement. Mais quand Griolet lut la rubrique « Donation », elle se pencha en avant et devint plus attentive encore.

« En considération, lisait Griolet, de l'attachement que le futur époux porte à la future épouse, il lui fait donation, au cas où elle lui survivra, de la pleine propriété et jouissance de tout ce dont il pourra disposer. »

— Qu'est-ce que c'est que ça ? interrompit vivement madame de Colbosc, je ne comprends pas. Il a été convenu, n'est-ce pas, que monsieur, — elle désigna Guillaumanche du doigt, — faisait donation à ma fille de la moitié de sa fortune ; pourquoi ne pas le dire ?

Griolet regarda le comte qui, lui-même, regarda Hériberte ; il n'était pas difficile de lire une certaine inquiétude dans ces regards.

Ce fut Hériberte qui répondit :

— Monsieur Griolet vous expliquera, ma mère, que lorsqu'on a un enfant, on ne peut donner plus d'un quart de sa fortune.

— En effet, insinua Griolet, aux termes de l'article 1098, l'homme ou la femme qui, ayant des enfants d'un autre lit, contracte un second mariage, ne peut en aucun cas faire une donation excédant le quart de ses biens.

Au lieu de lui répondre, madame de Colbosc se tourna vers Guillaumanche.

— Qu'est-ce que vous avez dit à ma fille ? lui demanda-t-elle, lui avez-vous ou ne lui avez-vous pas promis la moitié de votre fortune ?

— Je croyais que lorsqu'on n'avait qu'un enfant on pouvait disposer de la moitié de sa fortune, et je ne connaissais pas l'article 1098.

— Monsieur, vous êtes un coquin, dit la marquise.

— Mais, ma sœur, s'écria le comte, nous ne pouvons rien contre la loi ; M. Guillaumanche donne ce qu'il peut, et en somme c'est au moins cinq millions.

— Vous, vous êtes un naïf, répliqua madame de Colbosc.

— Mais, ma mère... voulut dire Hériberte.

— Vous, vous êtes folle. Pour moi, je ne mets pas mon nom au bas d'une escroquerie.

Et lentement elle sortit.

Après un temps assez long de silence, Griolet regarda Guillaumanche et Hériberte avec un sourire aimable :

— La signature de la mère n'est pas indispensable.

Et tendant sa plume à Guillaumanche :

— Si vous voulez signer.

FIN DE LA PREMIÈRE PARTIE

DEUXIÈME PARTIE

I

M. et madame Guillaumanche, accompagnés de Nicole et de l'institutrice, devaient arriver au château de La Senevière pour y passer la saison, et l'omnibus stationnait dans la cour de la gare attendant l'arrivée du train.

Bien que ce fût la même voiture, le même cocher, le même valet de pied qui, deux ans auparavant, apportaient à l'hôtel de Colbosc la corbeille de mariage que Guillaumanche offrait à sa fiancée, il s'était fait de tels changements dans la tenue de l'attelage et des domestiques que celui qui les eût vus sur le boulevard de Condé, les aurait difficilement reconnus dans la gare.

A cette époque, en déchargeant les cartons et les caisses, ces domestiques plaisantaient avec le débraillé de gens qui, appartenant à un maître riche, ne se gênent pas pour se moquer de la misère de ceux chez lesquels on les envoie. Après avoir rangé ces caisses et ces cartons dans le salon de madame de Colbosc qui leur faisait hausser les épaules de pitié, ils avaient été boire une partie de leur gratification dans un cabaret voisin où, pendant plus de deux heures, on les avait entendus crier et chanter, jouant au billard en bras de chemise, les bretelles sur les talons, blaguant leur maître et sa folie, blaguant leur future maîtresse et sa pauvreté, tandis que les chevaux, gardés par un gamin de la rue, stationnaient à la porte.

Au contraire, dans la cour de la gare, le cocher restait sur son siège, serré dans sa petite livrée, le fouet sur la cuisse, raide, digne, imposant, tandis que le valet de pied se tenait à la tête des chevaux, immobile comme s'il avait été sous les armes, bien ganté, irréprochablement cravaté. Un de leurs anciens camarades, maintenant cabaretier au café de la gare, étant venu les inviter à entrer « pour en rincer une », ils avaient refusé avec une fermeté inébranlable : — « Pas moyen, mon pauvre vieux ; la consigne, tu sais ; c'est dur, mais c'est comme ça ; elle n'aurait qu'à apprendre qu'on est entré ; faut pas s'exposer à ça, le jeu n'en vaut pas la chandelle ; regarde l'horloge, il va être deux heures. »

Elle, c'était madame Guillaumanche, Hériberte de Colbosc, qui, en deux ans, avait su établir dans sa maison un ordre et une élégance d'une correction irréprochable, qui, à Paris aussi bien qu'à La Senevière, pouvait servir de modèle à tous. Et le curieux, le rare, le merveilleux, c'est qu'elle était arrivée à ce résultat sans se faire détester; on la craignait, on ne la haïssait point, et si on lui obéissait c'était parce qu'elle avait trouvé le moyen de convaincre chacun qu'il avait intérêt à lui obéir : « Je vous paie aussi cher que ceux qui paient le plus, celui d'entre vous dont nous serons satisfaits recevra, au bout de cinq ans, dix pour cent en plus de ses gages, au bout de dix ans vingt pour cent, au bout de quinze ans trente pour cent, après vingt ans de services il aura droit à une retraite; au contraire, celui qui ne nous satisfera point, ne touchera rien au delà de ce qui lui est dû, et celui qui nous mécontentera s'en ira. » Si l'argent est beaucoup il n'est pas tout; pour le bon ordre d'une maison il faut à l'argent joindre la capacité et la dignité du commandement; avec son argent Guillaumanche s'était fait moquer de lui; avec la même somme Hériberte s'était fait obéir et respecter.

Comme le cafetier insistait sans pouvoir décider ses camarades, un coup de trompe se fit entendre au loin suivi presque aussitôt d'un long sifflement; le train arrivait.

— Quel nez j'ai eu, dit le cocher à son compagnon, elle nous aurait pincés !

En effet, la porte de la gare ne tarda pas à s'ouvrir, et, après le premier flot des voyageurs pressés, qui se bousculèrent comme s'ils avaient emmagasiné en eux un peu de la vitesse acquise du train, on vit paraître Guillaumanche ayant sa femme à sa gauche, sa fille à sa droite, et derrière lui, à quelques pas, mademoiselle Dauvresse.

Si les domestiques ne ressemblaient plus à ce qu'ils

étaient deux ans auparavant, des changements bien autrement sensibles et caractéristiques s'étaient faits aussi dans les maîtres.

Guillaumanche n'était plus l'homme à la tournure un peu gauche et à l'air timide dont les habitués de madame de Colbosc avaient ri quand il était venu faire sa demande en mariage, se moquant de sa redingote qui prenait de vilains plis et de ses gants trop étroits; ceux qui l'auraient examiné des pieds à la tête pour le critiquer n'auraient rien trouvé à reprendre en lui. Parfaite sa tenue et parfaite aussi sa toilette : petit chapeau rond, veston gris dont un étroit ruban rouge liserait la boutonnière, chaussettes de soie dans des souliers de chevreau, gants de Suède frais, et pas trop étroits, ceux-là !

Nicole n'était plus la petite fille qui, pour dîner en tête à tête avec son père s'habillait d'une robe prétentieuse de peluche grenat; il était de bure gros bleu, son costume, aussi simple de façon que d'étoffe, mais d'une grâce bien au-dessus des banalités de la mode courante, et que seule une femme d'un goût impeccable avait pu imposer.

Quant à Hériberte, dans sa robe de limousine à raies multicolores, sous un chapeau de feutre sans garniture, c'était le type de la correction même et de la noblesse, mais avec un air affable et bienveillant qui se manifestait surtout dans ses regards à son mari et à sa belle-fille.

Évidemment, et il n'y avait pas à s'y tromper, ces trois personnes vivaient dans un heureux accord fait de sympathie et d'affection les uns pour les autres; et

Il était aussi difficile de reconnaître un parvenu dans Guillaumanche qu'une marâtre dans Hériberte et une belle-fille dans Nicole.

Quand ce n'était pas Guillaumanche qui conduisait ses chevaux, ils avalaient la route d'un train rapide et soutenu ; en moins d'une heure on arriva en vue du château.

— La Senevière ! dit Nicole joyeusement.

— Tu es contente ? demanda Guillaumanche.

— Oh ! si contente ! on va pouvoir s'amuser, galoper et tous les trois ensemble ; tiens, papa, regarde Hériberte ; la voilà qui sourit ; elle est contente aussi.

— Mais certainement, heureuse ; très heureuse de notre intimité.

La voiture avait franchi la grille du parc et elle allait arriver au perron devant lequel se tenaient plusieurs personnes dans l'attitude de l'attente.

— Quel ennui, dit Nicole qui regardait par la glace baissée, il y a déjà des gens qui t'attendent, tes clients, tes mendiants, ils vont te prendre et te retarder ; pourquoi ne leur fais-tu pas obtenir à tous des bureaux de tabac ? Si nous disions que tu es souffrant pour t'en débarrasser aujourd'hui ?

— Laisse donc ton père donner tout de suite un peu d'espérance à ces pauvres gens, dit doucement Hériberte.

Et tandis que Guillaumanche à peine descendu de voiture était entouré par ceux qui l'attendaient, Hériberte et Nicole entraient dans le vestibule.

— Il y a des lettres arrivées pour madame, dit une

femme de chambre. Madame les trouvera dans son appartement.

— Tu montes ? demanda Nicole.

— Sans doute, il faut bien que je lise mes lettres et que je m'habille.

— Je vais à l'écurie faire seller nos chevaux; je m'habillerai après; je vois que nous n'aurons que trop de temps à attendre papa.

II

Les lettres qu'Hériberte trouva dans sa chambre étaient nombreuses ; cependant elle eut le temps de les lire et elle eut le temps aussi de s'habiller avant que Guillaumanche vint la rejoindre.

Enfin il arriva.

— Pardonnez-moi, dit-il, j'ai été retenu plus longtemps que je ne voulais; mais il faut bien les écouter.

— Je ne me plaindrai jamais de vous voir employer votre temps à rendre service... surtout ici, puisque ceux que vous obligez ne sont pas vos électeurs.

— Vous voyez combien j'ai été avisé en n'achetant pas une propriété dans l'arrondissement qui me nomme.

— Mon Dieu, oui, dit-elle en souriant, car, grâce à cette habile précaution, vous appartenez aux électeurs de la circonscription qui vous nomme... et en plus à ceux de la circonscription où vous habitez.

— Vous vous moquez, dit-il avec une certaine inquiétude.

— Non, mon ami, répondit-elle avec une douce gravité, car les services que vous rendez aux gens de ce pays, c'est sans y être obligé, c'est spontanément ; vous ne leur devez rien ; vous ne leur demandez rien en échange, et vous avez ainsi la satisfaction de faire le bien avec un parfait désintéressement.

— Justement, parmi les gens qui m'attendaient, se trouvait une pauvre femme que nous pourrons sauver, elle, son mari et sa famille du désespoir, si vous approuvez l'idée qui m'est venue pendant qu'elle me racontait son malheur.

— Comment ! si je l'approuve !

— Je voudrais que nous fussions associés dans cette réparation : c'est de la mère Papillon qu'il s'agit.

— La mère Papillon ?

— C'est la femme de ce pauvre diable de charbonnier qui a été condamné à cinq ans de prison peu de temps après votre arrivée à La Senevière.

— Je me rappelle ; il travaillait dans nos bois avec sa femme et ses six enfants.

— Précisément ; vous devez vous souvenir aussi qu'il n'était nullement prouvé qu'il fût coupable du vol avec effraction dont on l'accusait ; cependant, comme il était assez mal famé, comme il avait des ennemis, il fut condamné. La justice s'était trompée ; elle a depuis trouvé le vrai coupable, et Papillon vient d'être mis en liberté ; il serait même déjà de retour s'il n'était retenu à l'hôpital par la maladie.

— Le pauvre misérable !

— Plus encore que vous ne pouvez l'imaginer. Quand il a été emprisonné, il n'était pas riche, mais enfin, en travaillant, ils pouvaient tous vivre; il avait une voiture, un cheval pour porter son charbon, un petit herbage où le cheval se nourrissait, une pièce de terre, une maisonnette qu'ils habitaient au carrefour des Plainards; cheval, voiture, herbage, pièce de terre, tout a été vendu, hormis la maisonnette hypothéquée au delà de sa valeur. C'est cette détresse que la mère Papillon est venue m'exposer en me demandant de lui faire obtenir une indemnité, si on ne peut pas lui rendre tout ce qu'on lui a pris : puisque son mari est reconnu innocent, il est juste, dit-elle, que le gouvernement répare leur ruine; pour le temps que son homme a passé en prison, elle sent qu'on ne peut pas le lui rendre, mais son bien qu'on a vendu, son cheval, sa voiture : n'ont-ils pas été tous assez malheureux, lui en prison, eux misérables et méprisés, sans travail, sans crédit, montrés au doigt quand ils n'étaient pas franchement injuriés, pour qu'on leur accorde une réparation.

— Rien de plus juste.

— En principe cela est vrai, mais ce n'est pas ce qui se passe dans la réalité. Il n'y a pas de réparation pour ceux qui ont le malheur d'être victimes d'une erreur judiciaire; c'est une fatalité comme un coup de tonnerre ou une inondation.

— L'État vient au secours des victimes d'une inondation.

— Et il ne vient pas en aide aux victimes de la justice; les choses sont ainsi, tout ce que nous dirions ne changerait rien à cela; c'est ce que j'ai essayé de faire comprendre à la mère Papillon, qui n'a rien voulu, qui n'a rien pu comprendre, me répétant toujours le même mot : « Puisque mon homme est innocent ; puisqu'ils sont obligés de le relâcher. »

— La pauvre femme, les pauvres gens !

— C'était ce que je me disais en l'écoutant, honteux de lui répéter toujours, de mon côté, le même mot désespérant. C'est alors que m'est venue cette idée dont je vous parlais. Tout ce que je demanderais pour elle serait inutile, on ne lui accorderait rien ; qu'a-t-on fait pour le docteur Claude, condamné à mort pour avoir tué sa femme qu'une autre avait empoisonnée ? (1) Mon idée, si vous l'approuvez, consiste donc à donner nous-mêmes ce que je ne pourrais obtenir. Nous avons à l'écurie une jument qui ne nous est pas indispensable, c'est la *Grise*, que je garde parce qu'elle est là ; nous pourrions la donner à Papillon, ce qui lui permettrait de parcourir les villages et de vendre le charbon que nous lui ferons faire dans une de nos ventes.

— C'est une excellente idée, donnez-lui la *Grise*.

— Avec le cheval il lui faudrait une voiture; nous en avons justement une à ridelles qui conviendrait très bien au transport du charbon.

Elle le regarda avec un sourire attendri.

— Donnez-lui la voiture.

— C'est là le strict nécessaire pour lui permettre de travailler ; il me semble que ce n'est pas assez. Il va

---

(1) Voir le *Docteur Claude*.

arriver malheureux, et aigri de l'injustice qu'il a subie, exaspéré contre le monde entier et même, si j'osais le dire devant vous, contre la Providence qui a permis cette injustice.

— Dites-le.

— Alors, je voudrais quelque chose de plus que la voiture et le cheval, quelque chose qui fût une réparation et par là lui permît, jusqu'à un certain point, la réconciliation, en lui prouvant que la vie n'est pas aussi mauvaise qu'il a le droit de le croire.

— Et ce quelque chose ?

— Savez-vous que nous avons une pièce de terre dans le triège des Plainards, juste vis-à-vis la maison des Papillon ; elle n'est pas d'une valeur considérable, au moins pour nous, contenant moins d'un hectare ; elle est en ce moment ensemencée en blé et dans quelques jours on va pouvoir la moissonner. Eh bien, je voudrais qu'en arrivant, Papillon, avec ses enfants, pût mettre la faucille dans ce blé. Pour cela, je n'aurais qu'à lui en faire donation. Une signature chez le notaire, et, en arrivant, ce pauvre désespéré aurait cette joie. Qu'en dites-vous ?

Elle le regarda plus longuement, avec un sourire plus attendri encore et sous lequel avec un peu d'attention on aurait vu une larme rouler dans les paupières.

— Je dis... je dis...

Elle vint à lui, et lui jetant les deux bras autour du cou :

— Je dis que vous êtes le meilleur des hommes.

— Un mari qui voudrait être digne de sa femme, simplement.

III

Les lettres qu'Hériberte avaient lues étaient restées étalées sur la table.

— Ce sont les réponses de vos invitations? demanda Guillaumanche.

— Presque toutes sont des acceptations.

Un sourire de contentement orgueilleux éclaira le visage de Guillaumanche.

— Le comte de la Roche-Odon, la Marquise de la Villeperdrix, le marquis de Courtomer, madame de Hotot, madame de Martinache, mon oncle, madame de Soubairouche, ont tous envoyé des réponses affirmatives.

Disant cela, elle prenait les lettres dans l'ordre des signatures, et elles les présentait à son mari, dont le sourire s'accentuait en les regardant.

Une seule lettre était restée sur la table et on n'en lisait pas l'écriture.

— Vous voyez, dit-elle, que dans ce dîner que vous avez voulu que nous donnions à l'occasion de la confirmation, Monseigneur sera dignement entouré.

— Et je ne cherche pas à dissimuler ma joie et ma fierté, car ce ne sont pas celle d'un parvenu qui se gonfle de voir à sa table tout ce qui marque dans le pays par la naissance et la position, mais bien celle d'un mari heureux, le mari le plus heureux de la terre de voir sa femme reprendre son rang, dans son monde, je ne suis pas assez vain pour m'imaginer que c'est l'invitation de M. Guillaumanche qu'acceptent des hommes comme le comte de la Roche-Odon et le marquis de la Villeperdrix, c'est celle de mademoiselle de Colbosc, et c'est là précisément ce qui me rend si heureux, en me prouvant qu'on ne vous garde pas rancune de votre mésaillance.

— Si mademoiselle de Colbosc avait épousé un parvenu qui n'eût été qu'un parvenu, infatué de lui-même et de sa fortune, plat avec les puissants, dur avec les petits, sot, maladroit, ignorant... comme il y en a tant, soyez sûr qu'on lui garderait rancune ; elle a épousé un homme de cœur qui en toute les occasions prouve son intelligence, son sens droit et son esprit élevé, qui garde sa dignité avec les puissants et se fait le serviteurs des petits, qui travaille, qui cherche le mieux, qui emploie sa fortune utilement, noblement, dans l'intérêt de tous, non dans le sien, égoïstement, et ceux-là même, qui semblaient devoir la condamner sans grâce reviennent à elle parce qu'ils sont gagnés par... son mari.

Elle lui tendit la main avec un sourire attendri :

— Si mademoiselle de Colbosc semble reprendre dans le monde qui était le sien la place qu'elle avait perdue, soyez sûr que ce n'est pas à elle qu'on la rend c'est à son mari.

— Eh bien, franchement, je n'en suis pas sûr du tout, quoique ce soit vous qui le disiez, en tout cas, si ce mari vaut quelque chose, c'est par sa femme, et alors..

— ... Alors sa femme lui doit toute sa tendresse et la lui donne.

Il avait gardé dans les siennes la main qu'elle lui avait tendue ; longuement passionnément, il l'embrassa.

— Que de chemin parcouru depuis deux ans, comme il y a loin des incertitudes qui me tourmentaient alors à la sécurité de l'heure présente ! J'aime la plus belle et la meilleure des femmes ? j'ai gagné son affection et je sens que chaque jour qui s'écoule la rapproche de moi ; le monde qui semblait devoir me tenir à l'écart vient à nous ; enfin, j'ai la joie de voir ce que j'avais le plus à cœur, réalisé au delà même de mes espérances ; l'accord entre vous et Nicole à ce point affectueux et étroit qu'il ne pourrait pas l'être davantage si vous étiez sœurs. Que puis-je souhaiter de plus, que puis-je rêver de mieux ? Si je n'avais peur de défier la fortune, je dirais qu'il n'est pas au monde d'homme plus heureux que moi !

La main qu'Hériberte n'avait pas mise dans celles de son mari était posée sur la seule lettre qu'elle ne lui eût pas montrée, par saccades elle la froissait avec un petit bruit sec ; à la longue ce bruit s'imposa à l'attention de Guillaumanche.

— Est-ce une lettre que vous avez oubliée ? demanda-t-il.

— Je ne l'ai pas oubliée, je voulais vous en parler, j'en ai été empêchée par les choses si tendres que vous me disiez ; c'est une lettre de ma mère.

Un mouvement involontaire échappa à Guillaumanche, mais tout de suite il se remit :

— Elle vous donne de bonnes nouvelles.

— Elle m'annonce son arrivée ici... pour demain.

Le mouvement de désappointement qui avait échappé à Guillaumanche ne se répéta pas, au contraire, ce fut un sourire qui se montra sur son visage :

— Voilà un empressement qui me paraît un bon présage, il semble annoncer que madame de Colbosc commence à se faire à moi ; je le souhaite de tout mon cœur, et, je l'avoue, plus encore pour vous que pour moi ; je voudrais tant ne vous être jamais en rien une cause de chagrin ; et cette hostilité vous peine.

— Dites qu'elle me désespère.

— Mon Dieu, il ne serait pas juste d'en vouloir à madame de Colbosc, et pour mon compte j'admets très bien qu'elle ait été fâchée de notre mariage ; je le comprenais il y a deux ans ; je le comprends mieux encore depuis que je vous connais, que je sais ce que vous êtes et tout ce que vous valez ; un homme comme moi n'était pas pour plaire à la mère d'une femme telle que vous.

— Puisqu'il m'a plu à moi.

— Vous, ma chère ! vous !

Ce fut avec enthousiasme qu'il jeta ces deux *vous* qui pour lui, résumaient toutes les admirations, toutes les adorations.

— Que ma mère ait été fâchée de mon mariage, rien n'était plus légitime avec ses idées, mais c'était sur moi qu'elle devait faire tomber sa colère, non sur vous. Je veux espérer que le temps aura adouci cette colère et qu'elle arrivera dans de meilleures dispositions. Il faut qu'elle vous rende justice, et voilà en quoi son séjour ici n'est pas sans m'effrayer un peu.

— Qu'avez-vous à craindre ? Vous savez bien que je n'aurai jamais pour votre mère que du respect et de la soumission.

— Ce n'est pas vous que je crains, mon ami, c'est ma mère ; mais enfin je serai toujours entre vous, et dans ces conditions son séjour peut avoir cela de bon qu'il lui permettra de vous apprécier et de vous juger à votre valeur. Si prévenue qu'elle soit, elle pourra ne pas être sensible à vos mérites. D'ailleurs, j'espère que ces préventions ont dû s'affaiblir, et que vous l'aurez touchée au cœur en lui donnant les moyens de sauver de la ruine ce qu'elle a de plus cher au monde, après notre nom, la vieille maison des Colbosc.

— Mais j'en suis fier, moi, des Colbosc, puisque vous en êtes ; et j'avoue que j'ai peut-être plus pensé à l'hôtel lui-même en voulant qu'il fût remis à neuf, qu'à madame de Colbosc, qui me paraissait très à son aise d... le vieux.

— Gardez-vous de laisser deviner cela.

— N'ayez aucune crainte de ce côté, et pour les autres, soyez certaine que je n'épargnerai rien pour me faire pardonner... d'être Guillaumanche, en l'étant aussi peu que possible.

IV

On frappa à la porte ; Nicole entra ; elle avait quitté sa toilette de voyage pour un costume de cheval : robe de drap gris et chapeau de feutre mou de la couleur de la robe ; exactement pareil en tout d'ailleurs à celui d'Hériberte.

— Je n'en peux plus, dit-elle, c'est plus fort que moi, je viens savoir s'il y a un empêchement à notre promenade.

— Un retard simplement, répondit Hériberte en souriant.

Justement parce que Nicole montait presque tous les jours à cheval à Paris avec sa belle-mère pour une banale promenade de quelques instants au Bois, elle avait eu l'envie de faire une course en pleine forêt dès son arrivée à La Senevière, un bon galop sous les grands arbres dans les allées vertes ; et comme toujours lorsqu'elle avait un désir, elle en avait fait part à Hériberte, qui, comme toujours aussi, avait répondu en acceptant ; on serait au château à trois heures, en partant à quatre on aurait du temps avant le dîner ; mais au lieu de partir à quatre heures, voilà qu'il en était bientôt cinq, et les chevaux sellés attendaient devant le perron, que le soleil en s'abaissant laissait déjà dans l'ombre ; de là l'impatience de Nicole.

Et s'adressant à son mari :

Si vous le trouvez bon, dit-elle à son mari, je ferai retarder le dîner, cela permettra à Nicole de galoper tant qu'elle voudra.

Guillaumanche n'avait garde de refuser une chose que sa femme lui demandait pour sa fille.

— C'est une bonne idée, dit-il.

Nicole ne dit rien, mais prenant la main d'Hériberte comme pour l'entraîner, elle la lui serra affectueusement.

— Partons, dit-elle.

Après le jardin, le parc ; après le parc la forêt ; Nicole aurait voulu gagner tout de suite la forêt, mais Guillaumanche, au moment où elle allait tourner à gauche, la fit justement tourner à droite.

— J'ai affaire aux Plainards, dit-il ; nous entrerons ensuite en forêt.

Et s'adressant à sa femme :

— Je voudrais vous montrer la pièce de terre que nous donnerons à Papillon, dit-il.

Nicole, étonnée, regarda sa belle-mère auprès de laquelle elle avait mis son cheval au pas, et celle-ci, qui connaissait ces muettes interrogations, lui raconta l'histoire de Papillon ; tandis qu'elle parlait, Nicole fixait sur son père des yeux où l'enthousiasme éclatait se mêlant à l'émotion.

Quand le récit fut achevé, elle abandonna Hériberte et poussa son cheval auprès de celui de son père.

— Oh! papa, dit-elle en attachant sur lui ses yeux attendris, c'est maintenant que je ne regrette plus notre retard ; comme Hériberte a eu raison de vouloir que tu fasses tout de suite plaisir à ces pauvres gens !

— Je n'ai fait aucun plaisir à la mère Papillon, dit Guillaumanche, car je n'avais rien décidé.

— Eh bien, maintenant que c'est décidé il faut lui faire plaisir, continua Nicole ; puisque nous allons aux Plainards.

— Tu vas le lui faire toi-même, dit Hériberte, mais sans rien préciser pour leur laisser la joie de la surprise quand le pauvre homme arrivera.

— Quel bonheur ! s'écria Nicole.

Et enlevant son cheval, elle lui fit prendre le trot.

C'était à la sortie du parc, sur la lisière de la forêt, d'où elle descendait en une pente assez raide que se trouvait la pièce de blé dont les épis jaunes commençaient déjà à courber en faucille, ce qui est l'indice d'une maturité prochaine. De l'autre côté, et lui faisant vis-à-vis, s'élevait, au milieu d'une cour plantée de pommiers, une maison de paysans, couverte en chaume tout fleuri de sédum d'un jaune d'or, celle des Papillon. Autrefois une barrière fermait cette cour sur le chemin, mais elle avait été brisée, et ses morceaux moussus restaient dans l'herbe sans qu'aucun des enfants eût jamais eu l'idée de la réparer. A quoi bon ? Il faudrait faire une dépense pour les ferrures, et l'argent manquait ; d'ailleurs, une barrière n'était guère utile là où il n'y avait rien à prendre, ni aucune bête à perdre, le chartil était vide, l'écurie l'était aussi ; il n'y avait plus ni poules, ni cochon qui pussent se sauver.

Quand Nicole suivie de son père et d'Hériberte arriva devant cette entrée, elle n'eut donc pas à appeler pour qu'on lui ouvrît la barrière, elle n'eut qu'à continuer son chemin jusqu'à la maison sur le seuil de laquelle se tenait la mère Papillon qui venait de rentrer et qui la regardait s'approcher avec surprise, la mine écarquillée.

— Comment, c'est vous, mademoiselle ! fit la paysanne.

— Ne soyez pas surprise ; je viens vous dire que mon père a pensé à vous et qu'on fera quelque chose pour votre homme et pour vous.

— Hélas ! mademoiselle, qu'est-ce qu'on peut faire pour nous ? Votre papa m'a expliqué que le gouvernement n'y pouvait rien.

— Il ne s'agit pas du gouvernement ; je vous promets qu'on fera quelque chose qui vous consolera, vous et votre homme.

La mère Papillon secoua la tête en désespérée.

— Ayez bon espoir continua Nicole, vous verrez.

— Mais quoi ?

— Je ne peux pas le dire, seulement je vous promets, vous entendez bien, je vous le promets.

Et laissant la pauvre femme stupéfaite et à moitié hébétée, elle rejoignit son père et Hériberte qui l'attendaient dans le chemin.

— Elle ne peut pas me croire, dit-elle en les approchant.

— Peu importe, répondit Hériberte, ce que tu as dit va faire travailler son esprit, et l'espérance se réveillera dans son cœur endurci.

Ils reprirent leur promenade et quittant les champs

Ils entrèrent en forêt par un chemin sablonneux, à la pente raide, que le soleil en s'abaissant éclairait en plein d'une longue raie lumineuse qui filait entre les grands arbres jusqu'au sommet de la colline. Ils avançaient de front, Guillaumanche entre sa femme et sa fille, et ils allaient au pas, au tout petit pas, à cause de la montée.

— Mais j'y pense, dit Guillaumanche, s'adressant à sa femme, vous n'avez pas parlé de M. de La Senevière, n'est-ce pas ?

— Pourquoi vous en aurais-je parlé ? dit-elle étonnée.

— Il ne vous a pas répondu ?

— Je ne lui ai pas écrit.

— Comment, vous ne l'avez pas invité ?

— Mais non ; vous ne m'avez pas dit de l'inviter.

— Je croyais que cela allait de soi ; invitant tout ce qui compte dans le pays, je pensais que M. de La Senevière se trouvait compris.

— M. de La Senevière ne compte plus dans le pays.

— Mais par sa naissance ! Il semble qu'en ne l'invitant pas nous lui faisons, nous riches, un crime de sa pauvreté.

— Vous savez qu'une pareille pensée ne pouvait pas me venir, mais je reconnais qu'elle peut venir à l'esprit d'autres personnes ; et dès lors il peut y avoir des raisons pour l'inviter ; si je ne l'ai point fait, c'était pour ne pas amener entre nous des relations qui, l'année dernière, n'ont été déjà que trop suivies. Je lui écrirai demain si vous le désirez.

— Le mieux serait peut-être d'aller l'inviter moi-même; dans dix minutes je serai aux étangs de la Vivanderie, continuez votre promenade, je vous rejoindrai au carrefour de la Croix-Cornet.

— Oh! papa, interrompit Nicole, tu nous abandonnes.

— Mon enfant, répondit-il, Hériberte t'a dit tantôt qu'il fallait avant tout faire plaisir aux gens; tu vois combien elle a eu raison pour la mère Papillon; laisse-moi faire plaisir à M. de La Senevière.

V

Faire plaisir à M. de La Senevière !

Sans doute, l'intention était bonne; mais, en faisant plaisir à M. de La Senevière, ne causait-il pas en même temps un désagrément à Hériberte ?

Ce fut ce que Guillaumanche se demanda en suivant sous bois le chemin encombré de hautes fougères et de broussailles qui le conduisait aux étangs de la Vivanderie.

C'était la première fois depuis son mariage qu'il avait une volonté contraire à celle de sa femme, et peut-être avait-il agi à la légère en la défendant si vivement et en l'imposant, pour ainsi dire, sans discussion.

A la vérité, Hériberte n'avait pas insisté pour justifier sa non-invitation, mais il n'était ni dans son caractère, ni dans ses habitudes d'insister jamais : elle disait ce qu'elle désirait, elle l'indiquait même plutôt qu'elle ne le disait, et c'était tout; et dans cette circonstance, elle avait fait plus que d'indiquer ce qu'elle désirait, d'abord en n'écrivant pas à M. de La Senevière, ensuite en donnant la raison pour laquelle elle ne l'avait pas invité : « Il ne compte plus dans le pays. »

Si Guillaumanche avait été bien convaincu lui-même de la complète justesse de cette raison, il n'aurait rien dit; mais cette conviction, précisément, n'était pas du tout faite en lui.

De tout ce qu'on racontait sur M. de La Senevière, il n'y avait qu'un fait notoire et prouvé : sa ruine, sa pauvreté; le reste n'était que propos en l'air qu'on colporte et qu'on répète pour en accabler un homme tombé. Il avait tué en duel, peu loyalement, disait-on, un de ses anciens amis pour se débarrasser des réclamations d'argent dont celui-ci le poursuivait justement. Il avait été chassé d'un cercle pour sa trop grande adresse au jeu. Il avait vécu, pendant un certain temps, de ce qu'il arrachait à une vieille maîtresse. Il avait déshonoré les femmes qui l'avaient aimé en les compromettant dans des affaires scandaleuses. Que ne disait-on pas encore? Mais si grosses que fussent ces accusations, elles n'étaient appuyées sur rien de précis; pour témoin à charge il n'y avait que *on*, c'est-à-dire personne; quand on pressait les gens qui colportaient ces accusations, ils se dérobaient : « Vous savez, je ne l'ai pas vu; ce que je vous dis là, on le raconte à Paris; voilà tout. » A Paris, ceux qu'il avait interrogés à ce sujet s'en tenaient à des généralités plus vagues encore, non par discrétion et par prudence comme en province, mais par oubli : « La Senevière ! Vous savez, il y a si longtemps ! » Qui pensait encore à La Senevière ? Depuis lui, combien avaient déshonoré leurs maîtresses, ou avaient été expulsés des cercles où ils trichaient !

Que les portes se fussent fermées devant La Senevière dans la contrée parce qu'il était ruiné, cela ne s'expliquait que trop facilement quand on connaissait les habitudes d'économie et la peur des emprunteurs, qui sont les points en quelques sorte caractéristiques de l'esprit national, mais ces raisons déterminantes pour les autres ne l'étaient pas pour lui : il se trouvait vis-à-vis de La Senevière dans des conditions toutes particulières; ayant acheté son château patrimonial, il lui paraissait plus que cruel de fermer ce château à celui qui en portait le nom; propriétaire de La Senevière, tenir à l'écart le comte de La Senevière quand celui-ci ne demeurait qu'à quelques pas de chez lui, presque chez lui, n'y aurait-il pas là un acte de mauvais goût, en même temps qu'une injustice ? C'était ce qui l'avait poussé à insister pour que le marquis fût invité, et ce qu'il aurait dû expliquer plus complètement à Hériberte ; avec sa délicatesse de cœur, elle l'aurait sans aucun doute compris mieux que personne.

Réfléchissant ainsi il était descendu dans une vallée boisée dont le fond était occupé par deux étangs qu'une étroite langue de terre coupait à peu près par le milieu; — ces étangs étaient ceux de la Vivanderie, et sur cette langue de terre s'élevait, abritée par de grands arbres, la maison qu'habitait M. de La Senevière.

Si cette vallée, entourée de bois de tous les côtés, était sauvage, la maison ne l'était pas moins : bâtie au douzième ou au treizième siècle pour servir de refuge, au milieu de la forêt, dans un endroit perdu, loin de tout chemin, facile à défendre, elle avait depuis ces époques éloignées, subi des dégradations du temps et des hommes sans avoir été presque jamais réparée; les deux tours qui la flanquent avaient été seulement recouvertes d'un toit en ardoises lorsqu'on les avait démantelées; et son pont-levis avait été remplacé par une chaussée qui, de l'île sur laquelle elle avait été primitivement construite, avait fait une presqu'île; la seule amélioration apportée à sa destination première, lorsqu'on n'avait plus craint les guerres et les pillages, avait consisté dans la création d'un grand jardin potager qu'on avait défriché sur la pente de la colline au midi, et qu'on avait entouré de murs pour le défendre des déprédations des bêtes de la forêt. Fort pittoresque pour un peintre qui serait passé par là et qui aurait admiré son manteau de lierre, au milieu duquel apparaissaient quelques sculptures de ses fenêtres géminées, ses meurtrières et ses machicoulis, elle eût été inhabitable pour tout autre que pour La Senevière qui, ruiné et n'ayant à choisir qu'entre elle et la belle étoile, était venu se réfugier là... en attendant, n'ayant pour vivre que les légumes de son jardin et le gibier qu'il tuait un peu partout et en tout temps.

A mesure que Guillaumanche se rapprochait de la

Vivanderie, il entendait des détonations que les deux collines se renvoyaient. Lorsqu'il arriva sur les bords découverts de l'étang et que sa vue par-dessus les roseaux put courir jusqu'à la maison, il eut l'explication de ces détonations : à l'ombre d'un arbre, au bord de l'eau, à cheval sur une chaise, un homme de haute stature se tenait, une carabine de salon dans les mains, — le comte de La Senevière, qui s'amusait à tirer.

En apercevant Guillaumanche, qui n'était plus qu'à une courte distance, La Senevière lui fit un grand salut moitié affectueux, moitié moqueur.

— Bonjour voisin.

Et il resta son chapeau de paille à la main, montrant sa tête aux traits énergiques encadrée d'une barbe blonde frisée, que l'éclat de deux yeux noirs et le hâle du teint faisaient paraître plus pâle qu'elle ne l'était réellement, comme les rides du front et des paupières ajoutaient six ou huit années de plus aux trente-quatre ans qu'il avait réellement.

Guillaumanche avait continué son chemin et ayant traversé la chaussée il était arrivé devant la maison, où il descendit de cheval.

— Que tirez-vous donc? dit-il en venant à La Senevière et en montrant la carabine.

— Je me fais la main ; et comme les cartons coûtent cher, je me sers de buts que le bon Dieu offre gratuitement en tirant les hirondelles qui tournoient bêtement sur cet étang ; c'est un bon exercice.

Disant cela, il épaula en ajustant une hirondelle qui rasait l'eau sur laquelle flottaient déjà les cadavres de plusieurs hirondelles : le coup partit, et celle qu'il avait visée tomba à côté de ses camarades.

— Les pauvres bêtes! dit Guillaumanche, mortes elles ne servent à rien, et vivantes elles rendent tant de services.

— Ah! voilà la différence, dit La Senevière en riant; vous voulez bien tuer quand cela vous est utile, moi la gloire me suffit.

Guillaumanche n'engagea pas de discussion sur ce sujet; il fit son invitation, que La Senevière accepta.

— Vous êtes trop aimable, dit-il avec un sourire énigmatique, de me donner l'occasion de me retrouver quelquefois dans ce château où j'ai été élevé.

VI

En écrivant à sa fille qu'elle viendrait le lendemain à la Senevière, madame de Colbosc n'avait pas demandé qu'on l'envoyât chercher, car elle n'aimait pas demander et ne s'y décidait que lorsqu'on ne lui offrait pas ce qu'elle voulait : c'était ainsi qu'elle n'avait pas demandé, mais qu'elle n'avait pas non plus refusé les douze mille francs de pension que son gendre lui servait; de même c'était ainsi qu'elle n'avait pas demandé, mais qu'elle avait accepté que son gendre, à qui elle n'avait jamais adressé un mot à ce sujet, dépensât deux cent mille francs pour remettre en état l'hôtel de Colbosc.

Mais si elle n'avait pas dit à sa fille « Envoyez-moi une de vos voitures », il était bien entendu qu'elle attendait cette voiture, et des ordres avaient été donnés pour qu'un cocher partît de la Senevière dès le petit matin, de façon à se mettre à la disposition de madame de Colbosc quand celle-ci serait levée.

— Nous attendrons votre mère pour déjeuner, avait dit Guillaumanche ; elle sait que nous déjeunons à onze heures, si à midi elle n'est pas arrivée, nous nous mettrons à table ; elle ne viendra que dans l'après-midi.

Hériberte, qui savait combien son mari tenait à ses habitudes, n'avait pas accepté cet arrangement, mais il avait persisté :

— Je vous en prie, laissez-moi saisir les occasions qui se présentent de donner à votre mère des marques de respectueuse soumission, elles ne sont que trop rares.

C'était jusqu'à midi et demi qu'on avait attendu ; comme on allait se mettre à table, Nicole, qui tambourinait une valse sur les vitres avec l'impatience d'un estomac de quatorze ans, avait signalé la voiture.

— La voilà !

En effet, dans la prairie, au tournant de la route, tout au loin, on apercevait un petit nuage de poussière qui montait entre le feuillage gris des saules.

— Vous voyez que j'ai eu raison, dit Guillaumanche à sa femme.

On ne tarda pas à entendre le trot allongé de deux chevaux ; blancs d'écume, fumants malgré la chaleur du jour, ils arrivaient d'un trait qui prouvait que, s'il y avait du retard, ce n'était ni à eux ni au cocher qu'il fallait l'imputer.

Hériberte, Guillaumanche et Nicole avaient descendu le perron pour recevoir madame de Colbosc à son arrivée : elle ne se pressa point, et ce fut lentement qu'elle sortit de la voiture, comme ce fut noblement qu'elle donna sa main à baiser à sa fille ; puis, se tournant vers son gendre, elle lui fit une courte inclinaison de tête :

— Bonjour, m'sieur Guillau...manche.

C'était sa manière de prononcer le nom de Guillaumanche et de le rendre un peu plus ridicule, croyait-elle, en le coupant et en l'allongeant ; plus la pause était longue, plus le mépris était accentué.

Sans attendre la fin de la courte phrase de politesse respectueuse que Guillaumanche lui débitait, elle s'adressa à Nicole :

— Bonjour, petite Nicole... Apportez-moi mes pantoufles.

Cette appellation était aussi une marque de dédain que madame de Colbosc avait trouvé spirituel d'appliquer à Nicole ; d'ailleurs, cela rappelait le *Bourgeois gentilhomme* et devenait une allusion par cela seul que c'était dit dans la maison de son gendre.

Ces gracieusetés distribuées, elle monta le perron sans accepter le bras que sa fille lui avait offert, et en regardant celle-ci des pieds à la tête.

Mais arrivée dans le vestibule elle prit ce bras qu'elle avait refusé, et s'approchant de sa fille, de manière à lui parler à l'oreille.

— Je constate avec joie, dit-elle, qu'il n'y a pas de

changement dans votre tournure; vous avez conservé votre sveltesse de jeune fille; au moins, c'est de ce côté une bénédiction du bon Dieu ; espérons qu'il ne nous la retirera pas et que je n'aurai pas l'humiliation de voir jamais un petit Guillau...manche.

On passa dans la salle à manger sans qu'Hériberte eût répondu un seul mot à sa mère; ce n'était ni le lieu ni le moment malgré l'envie qu'elle en avait.

— Comment ! vous m'avez attendue, dit madame de Colbosc, voilà qui a dû vous fatiguer, n'est-ce pas mon cher monsieur Guillaumanche, car dans les bureaux on prend l'habitude de manger à l'heure et l'on devient facilement l'esclave de son estomac ?

Ce fut tout son remerciement, et comme personne ne lui répondit, elle se mit à déjeuner avec une parfaite sérénité et l'appétit d'une femme qui n'a pas laissé son estomac prendre de mauvaises habitudes.

Comme on allait arriver au dessert, elle se tourna vers Guillaumanche auprès de qui elle était assise, elle le regarda par dessus son épaule assez longuement.

— Il me semble me rappeler que je ne vous ai pas félicité pour votre décoration.

— Mon Dieu, cela n'en valait pas la peine, répondit Guillaumanche tout heureux de l'entendre parler de félicitation.

— Mais si, mais si. C'est pour vos envois au concours agricole que vous avez été décoré, n'est-ce pas? Pour vos cochons ou pour vos volailles?

Hériberte était pâle de honte, et pourtant elle n'osait couper avec éclat la parole à sa mère ; elle essaya une diversion :

— Accepterez-vous du fromage ? demanda-t-elle.

— Volontiers.

Et madame de Colbose se servit un morceau de fromage onctueux et crémeux à mouiller de béatitude les papilles d'un gourmet, mais elle n'en perdit pas la parole.

— Je me souviens, continua-t-elle, c'est pour vos fromages.

Et faisant claquer sa langue :

— Jamais décoration ne fut mieux méritée, vos fromages sont excellents, excellents, tous mes compliments.

Paraissant abandonner Guillaumanche, elle s'adressa à Nicole :

— Vous connaissez la bataille de Denain, mademoiselle l'écolière ?

— Gagnée par Villars ?

— Précisément. Eh bien ! à Denain, le comte René de Colbose se conduisit en héros ; il eut un bras emporté, reçut une blessure grave à la cuisse, et pour récompense, fut fait chevalier de l'ordre. A Fontenoy, Philippe de Colbose n'ayant reçu qu'une balle à travers la poitrine qui le tint six mois au lit, n'obtint pas la croix de Saint-Louis que le maréchal de Saxe avait demandée pour lui. Aujourd'hui, on est décoré à meilleur marché ; il y a progrès. Je voudrais vous entendre parler du progrès à la tribune, mon cher monsieur Guillau...manche.

Comme on ne lui répondait pas, elle se tourna vers sa fille.

— J'ai eu dernièrement de vos nouvelles par notre

sous-préfet que j'ai vu hier chez le marquis de la Villeperdrix ; il m'a dit qu'il avait eu l'honneur de vous
rencontrer « avec votre demoiselle » à une matinée au
ministère de l'Intérieur. Dites-donc, monsieur Guillaumanche, usez donc de votre influence pour nous
débarrasser le pays d'un sous-préfet qui a de pareilles
façons de s'exprimer : *votre* demoiselle. Puisque
votre dame va chez le ministre de l'intérieur, il ne doit
rien pouvoir vous refuser ce ministre : lui ou *sa dame*.

VII

La séance avait été assez rude pour que Guillaumanche ne tînt pas à la prolonger ; aussitôt qu'il le
put il sortit et presque aussitôt Nicole le suivit. Si son
père était peiné de cet accueil de madame de Colbosc
elle en était exaspérée, et vingt fois elle avait jeté des
regards désolés à Héribert pour lui demander son secours : « Ne vas-tu pas le venger? » Qu'avait donc cette
vieille femme? Pourquoi ces railleries, ces injures ? Si
madame de Colbosc avait daigné s'occuper d'elle, peut-
être la flamme que dardaient ses yeux d'enfant indignée dans sa tendresse et sa fierté filiale lui eût-elle
donné à réfléchir. Mais toute à la satisfaction de ces
railleries, elle ne voyait rien de ce qui se passait autour d'elle.

Lorsque Guillaumanche et Nicole furent sortis, elle
les continua :

— Mes compliments, dit-elle en passant dans un petit salon où elles se trouvèrent en tête à tête, je vois que vous avez travaillé à façonner votre mari : il ne coupe plus son pain ; il ne parle plus la bouche pleine ; il commence à saluer à peu près ; il y a progrès ; c'est un joli résultat que vous avez obtenu ; seulement il y a tant à faire que vous userez votre vie à cette tâche sans la mener à bien. Ah ! le misérable !

— M. Guillaumanche n'est pas un misérable, interrompit Hériberte en coupant la parole à sa mère avec tant de fermeté que celle-ci demeura un moment interloquée ; et le fût-il que je ne permettrais à personne, même à vous, de le dire devant moi. Mais il n'en est pas un, vous le savez bien. C'est un homme d'honneur, un homme de cœur. Il est mon mari et je l'aime.

— Ah ! par exemple

— Je l'aime, sachez-le, et sachez aussi que ce n'est pas une vaine parole, mais l'expression même de mes sentiments : j'aime et j'estime mon mari ; ce qui le touche me touche : ce qui le blesse, me blesse ; ses joies comme ses douleurs sont les miennes ; qui le frappe me frappe et même plus durement que lui, car je n'ai ni sa bonté ni son indulgence. Ceci devait être dit une fois pour toutes, et j'ai reconnu en déjeunant que j'avais trop tardé à le dire.

— Parce que ?

— Parce que vous ne seriez pas venue railler chez lui, devant sa femme et devant sa fille, un homme pour qui cette femme comme cette fille n'ont que des sentiments de respect et de tendresse.

T'était la première fois qu'Hériberte parlait à sa mère avec cette fermeté et cette autorité ; aussi madame de Colbosc en fût-elle jusqu'à un certain point démontée.

— Chez lui, dit-elle, chez lui ! Est-ce que vous vous imaginez que c'est pour mon plaisir que je suis chez lui ? Est-ce que je serais ici si les peintres ne me chassaient pas de chez moi ? Qui les a mis chez moi, ces peintres ?

— Il est évident que c'est nous ; mais, en faisant réparer votre hôtel, nous pensions vous être agréable.

— Est-ce pour moi ou pour vous que vous avez voulu le faire réparer ? Pour moi je m'en contentais dans l'état où il était, il me suffisait comme il m'avait suffi depuis trente ans. Mais la vanité de votre mari ne pouvait pas s'en contenter. Une femme de mon rang peut habiter une ruine sans être amoindrie. Un parvenu, un enrichi ne peut pas être propriétaire d'une ruine sans en être déshonoré. Et comme votre mariage avec ce parvenu rendait celui-ci propriétaire pour une part de mon hôtel, il a voulu ces réparations qui depuis deux ans ont rompu toutes mes habitudes et empoisonné ma vie. Je suis sûre que par cela qu'il fait travailler à l'hôtel des Colbosc, il s'imagine être un Colbosc ! L'imbécile ! *Sa dame* étant une Colbosc, n'en est-il pas un aussi !

Elle s'était remise du premier mouvement de surprise que lui avait causé la protestation d'Hériberte, et maintenant elle ne disait que ce qu'elle voulait dire.

— Au reste, sa vanité va lui coûter cher.

— Il sait à quoi il s'est engagé en ordonnant ces réparations.

— Il ne s'agit pas des réparations, je pense bien qu'il a fait faire un devis, il s'agit des dépenses qu'elles commandent, et qui en découlent fatalement ; je pense aussi qu'il a prévu cela.

— Prévu quoi ?

— Qu'on ne vit pas dans un hôtel neuf ou à peu près comme dans une ruine. Dans la ruine, je pouvais me contenter de peu, et même de rien ; dans l'hôtel neuf, il va de soi qu'il en sera autrement.

Stupéfaite, Hériberte regarda sa mère sans comprendre. Que voulait-elle donc ? Y avait-il là une demande indirecte se déguisant sous une accusation ? Madame de Colbosc connaissait trop bien sa fille pour ne pas lire et ne pas voir que cette surprise n'était pas feinte ; il fallait donc préciser, ce qu'elle fit.

— Je n'ai jamais rien demandé à votre mari, Dieu merci ! et jamais je ne lui demanderai rien ; mais puisque vous ne comprenez pas quelle situation nouvelle me créent ces réparations, il faut bien que je vous l'explique. Vous m'accordez, n'est-ce pas, que c'est la vanité de parvenu de votre mari qui lui a fait entreprendre ces réparations dont je n'ai pas dit un mot.

— C'est le souci de notre dignité.

— La dignité des Colbosc défendue par M. Guillau...manche !

— Le soin de votre bien-être, l'accomplissement de notre devoir.

— Enfin voici un hôtel à peu près neuf que j'habite ; mon train de maison peut-il être ce qu'il était autretrefois ? Ne faut-il pas des domestiques pour entretenir cet hôtel et le meubler ? Puis-je recevoir mes amis sans les inviter jamais à dîner comme je le faisais autrefois. Puis-je me retrancher derrière ma pauvreté pour ne pas répandre de larges aumônes et souscrire convenablement à toutes les bonnes œuvres de la ville ? En un mot, puis-je avoir l'apparence d'une Colbosc et n'en pas être une ? Est-ce avec douze mille francs de rente que je puis subvenir à ces dépenses qui certainement s'élèveront au double.

Cette pension de douze mille francs n'avait point fait souffrir Hériberte lorsqu'elle l'avait discutée avec son mari ; rien n'était plus légitime que cette pension ; mais cette demande de la doubler lui fit monter le rouge de la honte au visage ; pendant quelques instants, elle resta confuse, balbutiante, étouffée.

— Avez-vous donc peur d'arranger cela avec votre mari ? demanda madame de Colbosc.

Le mot qui lui vint aux lèvres ne fut pas celui qu'elle prononça ; un éclair lui montra le parti qu'elle pouvait tirer de la situation que cette demande créait et elle étouffa son cri de franchise.

— Oui, ma mère, peur, très peur, et si grande peur que je ne me ferai pas votre intermédiaire ; vous arrangerez cela vous-même avec lui.

— Moi !

— Les raisons que vous venez d'exposer pour légitimer le doublement de votre pension auront beaucoup plus de poids dans votre bouche qu'elles n'en auraient dans la mienne.

— Est-ce que par hasard vous vous imaginez m'amener à adresser cette demande à votre mari ; s'il en est ainsi, votre calcul est mauvais ? une Colbosc ne demande pas, et à un Guillau...manche moins qu'à personne.

VIII

Tel était, en effet, le calcul d'Hériberte; forcer sa mère à demander ce supplément de pension à son mari. Quand on a besoin de quelqu'un, on ne prend pas plaisir à l'exaspérer. Avant de s'adresser à son gendre, madame de Colbosc serait nécessairement amenée à désarmer, et plus tard les convenances, à défaut de la reconnaissance sur laquelle il serait naïf de compter, maintiendraient entre eux des rapports adoucis : quand on s'est fait aimable pour obtenir une chose, il est difficile de revenir au mépris et à la haine, au moins d'une façon apparente, avec celui dont on est l'obligé.

Ce qui s'était passé pendant ce déjeuner lui avait été trop douloureux pour qu'elle pût en accepter un second du même genre. A tout prix il fallait qu'elle trouvât un moyen d'imposer silence à sa mère, et avec une femme telle que madame de Colbosc cela n'était pas facile : personne ne lui avait jamais imposé silence; et pour qu'elle ne dît pas ce qu'elle avait envie de dire, il fallait qu'elle eût un intérêt sérieux à le taire; encore ne pouvait-on jamais être assuré à l'avance qu'elle ne parlerait pas.

L'intérêt, dans cette circonstance, ce serait l'appât de ces douze mille francs avec ce qu'ils apportaient à une femme qui, depuis son enfance, avait vécu dans une misère noire : domestiques, dîners et soirées, bonnes œuvres.

Certes, l'humiliation était cruelle pour Hériberte; mais l'eût-elle été dix fois plus encore qu'il n'y avait pas à hésiter; avant tout, elle devait défendre la dignité de son mari, même au prix de la sienne, elle devait assurer son repos.

Où était-il le pauvre garçon? Où s'était-il sauvé, caché, après ce malheureux déjeuner?

Elle se mit à sa recherche; elle ne devait pas tarder à lui dire qu'elle avait souffert comme lui, qu'elle avait souffert plus que lui de ces algarades puisque jusqu'à un certain point la responsabilité pouvait en remonter jusqu'à elle et lui expliquer le moyen qu'elle croyait propre à les faire cesser.

Elle ne le trouva point dans le château et les domestiques qu'elle interrogea ne purent pas la renseigner.

Elle descendit au jardin; mais ce fut en vain qu'elle le chercha dans les allées où elle croyait avoir chance de le rencontrer; elle revint alors à l'étang, à un endroit où ils s'asseyaient souvent au bord de l'eau sous l'épais couvert d'un magnifique tilleul, d'où la vue s'étendait librement sur la vallée; elle ne l'aperçut point; mais Nicole y était assise, lisant.

— As-tu vu ton père?

— Il est resté avec moi depuis le déjeuner.

Ordinairement Nicole parlait à Hériberte sur le ton de l'affabilité la plus affectueuse; au contraire, cela fut dit sèchement; une réponse parce qu'elle devait une réponse, rien de plus.

— Sais-tu où il est?
— Dans le parc.
— Doit-il bientôt revenir?
— Il ne me l'a pas dit.

Surprise, Hériberte regarda Nicole, elle la vit le visage sombre, les yeux ardents, les lèvres crispées; mais comme elle avait en ce moment d'autres soucis en tête que les mauvaises humeurs de cette enfant, elle n'insista pas.

— Je vais dans le parc, dit-elle.

Et elle s'éloigna.

Elle avait à peine fait quelques pas que Nicole courut après elle.

— Qu'as-tu? demanda-t-elle en se retournant.

Nicole hésita un moment avant de répondre; évidemment un combat se livrait en elle.

— Moi je n'ai rien; c'est... c'est papa qui a du chagrin.

Ces premiers mots dits, elle se livra.

— Si tu savais comme il a du chagrin! il faut que tu le consoles, Hériberte, je t'en prie.

C'était en tremblant, en pleurant qu'elle jetait ces paroles entrecoupées.

— Que t'a-t-il dit? demanda Hériberte bouleversée par cet appel, d'autant plus touchant qu'il n'était pas dans la nature concentrée de Nicole.

— Rien. Mais est-ce que j'ai besoin qu'il me dise

qu'il a du chagrin pour le voir. Tu ne l'as donc pas vu, toi, pendant ce déjeuner ? Quand il m'a aperçue à cette place, il est venu me rejoindre. Comme il ne s'observait plus, il avait les yeux désespérés. J'ai voulu le distraire, le faire parler. Il ne m'écoutait seulement pas. Il faut que tu le consoles. Tu lui expliqueras pourquoi tu n'as pas parlé.

— Le pouvais-je ?

— Il faut que tu le lui dises ; il faut qu'il sente que tu es avec lui.

— Ne l'as-tu donc pas senti, toi ?

— Il ne s'agit pas de moi, il s'agit de lui ; moi, qu'importe !

— Eh bien, je te promets que ce qui s'est passé ne se renouvellera pas.

Nicole secoua la tête.

— Tu es sûre !

— C'est pour le dire à ton père que je le cherche.

— Va dans le parc, dépêche-toi, tu es certaine de le trouver ; il a pris l'allée droite ; Feulard travaille par là, il te renseignera.

Et vivement elle l'embrassa en la poussant.

IX

Cependant Hériberte, sortant rapidement du jardin, était entrée dans le parc, et elle avait gagné l'allée droite qui, entre une double rangée de vieux hêtres au tronc élancé et à la cime arrondie, monte jusqu'à la forêt, étalant entre les racines raboteuses des arbres son large tapis de mousse veloutée.

Elle ne vit point son mari, mais elle n'avait pas fait cent mètres que la brise lui apporta une odeur de fumée de tabac et d'amadou : quelqu'un, assurément, travaillait là qui pourrait la renseigner.

En effet, elle aperçut sous bois un homme adossé à un arbre et appuyé sur un fort bâton à poignée recourbée; mais il ne travaillait point; une courte pipe aux dents, il fumait tranquillement en regardant les bouffées de fumée qu'il soufflait droit devant lui : c'était Feulard, dont Nicole avait parlé.

Quand Hériberte ne fut plus qu'à quelques pas de lui, il porta la main à sa vieille casquette :

— Faut bien fumer *eune* pipe de temps en temps, n'est-ce pas, madame, dit-il du ton d'un ouvrier qui s'excuse d'être surpris en se reposant.

— Mais certainement.

Et tout de suite elle demanda s'il avait vu passer M. Guillaumanche.

— Mais pour sûr qu'il a passé; même qu'il n'avait pas l'air content; ah! pas content du tout, il se tapait le front, et il levait les yeux vers le *coupet* des arbres, comme s'il cherchait des nids.

— Il n'a pas suivi l'allée droite?

— Non; pour ça non, il ne l'a pas suivie, aussi vrai que je me nomme Feulard.

— Savez-vous par où il a pris?

— Pardi, par l'allée du trou à sable où on tire du caillou en ce moment; il va voir si le travail avance;

je plains ceux qui ne seraient pas à l'ouvrage car il n'est pas content M. Guillaumanche; non, non, pour sûr!

Ce fut avec un mauvais sourire que Feulard appuya sur ce non-contentement, comme si c'était une satisfaction pour lui. Autrefois garde, du temps des La Senevière, il avait été mis à la retraite par Guillaumanche lorsque celui-ci avait acheté le château et qu'il avait trouvé pour protéger ses biens et son gibier un pauvre bonhomme estropié par les rhumatismes qui ne lui permettaient de marcher qu'à petits pas, en s'appuyant d'une main sur un bâton, et se tenant les reins de l'autre. Cependant, comme il fallait que ce bonhomme qui n'avait pas un sou d'économie ne mourût pas de faim par sa faute, Guillaumanche l'avait gardé à son service, en lui inventant, tant bien que mal, un travail qui légitimât les cinquante sous qu'il touchait par jour : l'hiver, le ramassage du bois, au printemps la destruction des chenilles. Feulard avait accepté les cinquante sous, mais pour les chenilles il n'en avait jamais détruit une seule, et pour le bois il n'avait jamais ramassé que celui qui lui servait à faire, en plein air et à l'abri du vent, les grands feux devant lesquels il se chauffait du matin au soir, en clopinant et en fumant son éternelle pipe, qui n'éteignait, comme ses flambées, qu'à l'heure où il tendait des collets aux bons endroits, sans s'être jamais fait surprendre en flagrant délit, tant il était habile à se raser, malgré son infirmité. Ne fallait-il pas qu'il gagnât l'argent de son tabac et de ses *glorias* en plus de ceux qu'il se faisait payer; les lièvres, les lapins et les faisans le lui fournissaient, et largement encore.

N'allait-il pas se gêner avec un enrichi comme Guillaumanche! Ah! si c'était un La Senevière il en serait autrement, au moins il le disait: des bons maîtres ceux-là, et qui n'auraient pas mis à pied un vieux serviteur comme lui. Cinquante sous par jour! et on avait l'air de dire qu'il n'en faisait pas assez; ne fallait-il pas qu'il se fît mourir! Sa vengeance, c'était de tordre le cou au gibier qu'il attrapait, et il retrouvait des jambes pour l'aller revendre à une lieue de là, à un aubergiste chez qui l'on servait journellement des ratatouilles de faisans aux pommes de terre et aux navets. C'était sa haine qu'il avait mise dans son mauvais sourire en parlant du mécontentement de Guillaumanche et aussi une espérance vague de vengeance : qui peut tourmenter un enrichi, si ce n'est la peur de perdre sa fortune? et Feulard qui avait de l'imagination voyait déjà Guillaumanche ruiné et sa femme courant après lui pour l'empêcher de se suicider. Fallait-il qu'il fût imbécile vraiment d'avoir indiqué à celle-ci la bonne route; s'il avait su!

Mais il n'avait pas deviné ce qu'il y avait dans cette question, et la route qu'il avait indiquée était bien la bonne; après l'avoir suivie pendant à peu près dix minutes, Hériberte aperçut son mari qui revenait.

Ils ne tardèrent pas à se rejoindre, car en la reconnaissant, Guillaumanche avait hâté le pas : si quelques instants auparavant il se tapait le front, maintenant ce front était éclairé par un sourire.

— Vous! dit-il, en lui tendant les deux mains.
— Je vous cherche.

Et lui prenant le bras en le serrant doucement :

— J'ai tant à cœur de vous faire oublier ce qui s'est passé dans ce déjeuner que je n'ai pas voulu attendre votre retour.

— Ne parlons pas de cela, répondit-il avec confusion, à quoi bon ? Vous ne pouvez pas plus effacer ce qui a été dit que vous ne pouviez l'empêcher ; c'est la fatalité de notre situation. Savez-vous quelle était ma grande crainte pendant ce déjeuner ?

Elle le regarda.

— C'était celle de votre intervention qui aurait tourné la colère de madame de Colbosc contre vous. Moi qu'importe après tout ! J'ai souffert de ce qui était dit, surtout parce que vous étiez présente et que vous souffriez comme moi, plus que moi, sans aucun doute.

— Si je ne peux pas effacer ce qui est passé, au moins puis-je empêcher ce qui est à venir.

Il eut un cri qui prouva que son stoïcisme était plus sur ses lèvres que dans son cœur.

— Et comment ?

Marchant près de lui, appuyée contre lui, elle rapporta l'entretien qui venait d'avoir lieu entre sa mère et elle : ses protestations contre les railleries du déjeuner, et les exigences de madame de Colbosc pour l'entretien de l'hôtel.

— Cela devait arriver, dit-il, et pour moi j'en suis d'autant moins surpris que je trouve que madame de Colbosc est strictement dans son droit : évidemment elle ne peut pas vivre dans une maison neuve comme dans une ruine.

Alors Hériberte expliqua son plan.

— Tout ce que vous voudrez, dit-il ; vous savez mieux que moi comment on doit agir avec votre mère ; cependant, il me semble que l'obliger à demander.. à moi, ce supplément de pension est dur, bien dur

— Si je voyais un autre moyen d'amener la paix entre nous, croyez-vous donc que je recourrais à celui-là, et si vous, le gendre, vous trouvez cette obligation dure, ne sentez-vous pas combien elle l'est pour moi, la fille. Mais je veux pour vous la tranquillité et le respect, je vous les dois, et je vous les assurerai quoi qu'il puisse arriver.

Cela fut affirmé avec une résolution qui emplit le cœur ulcéré de Guillaumanche d'une douce émotion ; sans répondre, mais en la regardant les yeux dans les yeux, il lui releva la main et longuement il l'embrassa sur le bras au-dessus du gant.

Un bruit de broussailles attira leur attention, et en même temps ils respirèrent une légère odeur de fumée de tabac ; c'était Feulard qui, penché sur son bâton, semblait occupé à fourrager dans les ronces.

Quand ils furent passés, il haussa les épaules avec dépit.

— Quel malheur que je lui aie indiqué le bon chemin ! murmura-t-il.

X

Comme on ne savait pas précisément le jour du retour de Papillon, Guillaumanche avait voulu ne pas se laisser surprendre : l'acte de donation avait été préparé par le notaire ; des faucilles avaient été achetées ; une plaque sur laquelle le nom de « Papillon, charbonnier », remplaçait celui de « Guillaumanche, propriétaire », avait été clouée sur la charrette à ridelles, et dans cette charrette Nicole avait fait charger cinquante bottes de paille et cent bottes de foin pour que la Grise trouvât tout de suite une bonne litière et un râtelier garni en entrant dans sa nouvelle écurie ; et elle avait mis une mèche neuve au fouet de houx avec lequel elle se proposait de conduire elle-même la charrette au grand scandale de mademoiselle Dauvresse, qui trouvait que c'était l'affaire d'un charretier, non celui d'une jeune fille bien élevée.

Maintenant Papillon pouvait arriver.

Il ne s'était pas fait longtemps attendre : trois jours après, comme on prenait le frais à l'ombre dans le jardin après le déjeuner on avait vu s'avancer un gamin qui était un des fils de Papillon ; il était chargé par sa mère d'annoncer que son père venait d'arriver.

Tandis que Guillaumanche envoyait prier le notaire de se rendre chez Papillon, Nicole courait à l'écurie et faisait vivement atteler la Grise à la charrette ; puis son fouet à la main, tirant la jument par la bride, elle sortait elle-même la voiture du chartil où elle était remisée, et elle appelait son père, ainsi que sa belle-mère qui devaient l'accompagner.

— Voyez si cette petite n'a pas du sang de paysan plein les veines, dit madame de Colbosc s'adressant à l'institutrice.

— Ce n'est certes pas la faute de l'éducation qu'elle a reçue, répondit mademoiselle Dauvresse indignée.

— L'éducation ne change pas le sang... et d'ailleurs rien ne le change ; paysan on naît, paysan on reste.

Soit que ce fût l'influence du sang comme le disait madame de Colbosc, soit que ce fût celle d'une autre disposition particulière toujours est-il que Nicole conduisait sa charrette comme si elle n'avait fait que cela depuis son enfance, marchant gaillardement à la tête de son cheval en faisant claquer son fouet; derrière la voiture venait Guillaumanche avec Hériberte, puis à une certaine distance madame de Colbosc et l'institutrice qui n'avaient pas voulu se mêler à cette mascarade, tout en étant curieuses cependant de la voir de loin.

— Prends garde, disait Guillaumanche de temps en temps.

— Il n'y a pas de danger.

Et se tournant, elle regardait fièrement le chargement de sa voiture qui se balançait selon les cahots du chemin.

Jusqu'à la barrière de Papillon, il n'y avait qu'à laisser aller la Grise, mais arrivé là il fallait tourner pour entrer dans la cour, ce qui devenait plus difficile; cependant Nicole ne s'en embarrassa point, elle prit la jument par la bride et de l'autre main la maintenant avec son fouet, elle fit une entrée aussi juste que celle d'un bon charretier; en quelques coups de collier la Grise arriva devant la maison ; derrière elle aux branches des pommiers qui couvraient le chemin, des brins de foin restèrent accrochés.

En voyant cette charrette arriver de ce train dans la cour, la famille Papillon était accourue sur le seuil de la porte, et au milieu des enfants, auprès de la mère, le père apparaissait avec sa haute stature, les souliers tout blancs de la poussière du chemin, la face blême d'un homme qui sort de prison, le regard dur et malheureux sous un front plissé.

— Où donc que vous allez comme ça, mademoiselle Guillaumanche ? demanda-t-il.

— Ici; c'est une voiture de paille et de foin que mon père vous donne.

— A nous! c'est-y possible ! Nous n'avons plus besoin de paille ni de foin, puisque nous n'avons plus ni cheval ni voiture; on nous a tout pris; qu'est-ce qu'il veut que je fasse de son foin?

— Il vous donne aussi le cheval et la voiture.

— Il ne faut pas vous moquer des pauvres gens ; à votre âge vous devez être bonne.

A ce moment arrivaient Guillaumanche et Hériberte, restés en arrière quand la Grise avait donné son coup de collier.

— Personne ne pense à se moquer de vous, mon pauvre Papillon, dit-il en lui tendant la main ; les paroles de ma fille sont sincères ; nous avons voulu qu'en rentrant chez vous, vous puissiez travailler ; et pour travailler, il vous faut un cheval et une voiture ; nous vous les offrons.

Ils écoutaient tous, le père, la mère et les enfants, comme s'ils ne comprenaient pas ; cependant la colère qui tout d'abord se lisait dans les yeux de Papillon s'était peu à peu effacée, remplacée par un sourire d'espérance vague et craintif.

— C'est-y possible ; c'est-y possible, répétait-il.

— Rien n'est plus vrai.

— Vrai ?

— Je vous en donne ma parole d'honneur.

Sans répondre, Papillon courut à la tête de la jument et, lui ouvrant la bouche :

— Elle n'a pas plus de huit ans ! les membres sains ! C'est-y possible ! Eh ben, alors, eh ben alors ?

— Eh ben, alors, il n'y a qu'à mettre le foin au grenier, et après la Grise au râtelier.

— Houp ! les enfants, cria Papillon.

La voiture fut vivement escaladée, tandis que d'autres enfants grimpaient au grenier ; en moins de dix minutes le chargement de paille et de foin fut emmagasiné ; puis la Grise qui sous la bride avait son licol fut attachée devant le râtelier garni.

— Ah ! monsieur Guillaumanche, c'est-y possible, c'est-y possible, répétait Papillon avec un rire qui lui fendait la bouche jusqu'aux oreilles, une si belle jument, une charrette toute neuve.

Cependant un des enfants apportait un paquet de faucilles entortillées de paille.

— J'ai trouvé ces faucilles au fond de la voiture, dit le gamin.

— Elles sont pour vous, dit Nicole.

— Et pourquoi faire? demanda Papillon, nous n'avons plus de terre.

— Vous avez la pièce de blé d'en face, que je vous donne, dit Guillaumanche.

— Ah! monsieur Guillaumanche, il ne faut pas se fiche du pauvre monde.

— Je me fiche si peu de vous que voilà le notaire qui vient vous faire signer l'acceptation de la donation que je vous fais.

— Ah! non, c'est une mauvaise farce : mais vous savez, je ne vous en remercie pas moins pour la jument et la voiture.

— Ce n'est pas plus une farce pour la pièce de terre que c'en était une pour la jument et la charrette.

— Vous me donneriez votre pièce de terre?

— Je vous la donne.

— A moi !

— A vous.

— Mais pourquoi ?

— Parce que vous avez été malheureux.

Si Papillon ne pouvait pas croire les paroles de Guillaumanche, il fallut bien qu'il ajoutât foi aux écritures du notaire, et surtout à sa propre signature.

— Houp! les enfants!

Quand Guillaumanche, Hériberte et Nicole quittèrent le chemin des Plainards, une rangée de javelles était déjà alignée sur le chaume, et sous la dent des faucilles on entendait la paille crier, tandis que les épis résonnaient dans le choc d'une poignée contre une autre poignée : jamais moissonneurs n'avaient eu autant de cœur à l'ouvrage.

XI

Ce qu'il y avait de mauvais dans le plan d'Héri-berte, c'était la longueur du séjour que madame de Colbosc devait faire à La Senevière. Sur le point de retourner à Condé, elle eût sans doute été moins agressive avec son gendre et elle eût manœuvré de façon à préparer la demande qu'elle aurait à lui adresser la veille ou le jour même de son départ. Mais ayant deux mois et même plus devant elle, rien ne la pressait de désarmer ; elle pouvait continuer ses railleries qui, pour elle, étaient un amusement en même temps qu'un vengeance, et ne les cesser que lorsqu'elle aurait épuisé tout ce qu'elle avait sur le cœur.

Ces deux mois seraient donc un enfer, et ce premier déjeuner pourrait recommencer tous les jours aussi cruel, aussi humiliant, et même plus cruel et plus humiliant encore par cela seul qu'il serait la répétition de beaucoup d'autres.

Fallait-il attendre que, dans un moment d'indignation elle fermât la bouche à sa mère et lui imposât silence ?

C'était là une extrémité que les idées dans lesquelles elle avait été élevée ne lui permettaient pas d'envisager sans trouble et sans anxiété : si injuste que fût sa mère, si dure qu'elle se montrât, elle n'en était pas moins sa mère, et ni cette injustice, ni cette dureté, ni la douleur, ni l'indignation qu'elle éprouvait à voir traiter avec mépris l'homme dont elle portait le nom, qu'elle estimait, ne pouvaient arracher le sentiment de respect filial qui malgré tout restait vivace dans son cœur ; sa mère, quoi qu'elle fît, quoi qu'elle dît, sa mère. Elle avait conscience, qu'en se mariant elle n'avait pas cessé d'être une Colboso ; elle n'en serait plus une le jour où elle perdrait ce sentiment de respect.

Si elle ne pouvait pas mettre sa mère à la porte de la Senevière, elle pouvait au moins en sortir elle-même, elle et son mari ; et ce fut à ce parti qu'elle s'arrêta.

Cependant comme il était difficile de quitter le château alors qu'ils arrivaient à peine, qu'ils attendaient des invités, que son mari avait des intérêts importants qui le retenaient, elle résolut de s'expliquer sur ce sujet avec sa mère, et un matin que les railleries et les insolences avaient été presque aussi fortes que le premier jour, elle n'hésita pas plus longtemps :

— Je vous ai déjà priée de rendre possibles les rapports que vous avez avec mon mari ; à mon grand chagrin, ce qui s'était passé le jour de votre arrivée s'est répété aujourd'hui.

— Prétendez-vous m'imposer silence ? voulez-vous que je vous demande la parole et vous consulte à l'avance sur ce que je dois dire ?

— Je ne prétends qu'une chose : sauvegarder la dignité de mon mari et assurer sa tranquillité ; c'est pourquoi j'ai décidé que si vous deviez continuer à le prendre pour but de vos railleries...

— Il est sacré ?

— Pour moi, oui, comme il l'est pour ceux qui le connaissent.

— Voyons ce que vous avez décidé, je suis curieuse de l'apprendre.

— J'ai décidé que nous partirons pour le bord de la mer et que nous passerons la saison à Trouville, à Dieppe, en Angleterre peut-être ; nous abandonnerons La Senevière, que vous pourrez habiter jusqu'au moment où votre hôtel sera en état de vous recevoir.

— Pourquoi ne me mettez-vous pas à la porte, ce serait plus simple ?

— Vous êtes ma mère.

— Vous l'oubliez en me parlant ainsi.

— Puis-je laisser attaquer, railler, bafouer mon mari sans le défendre ?

— A qui la faute, si ce n'est celle de ce mari ? Est-ce que vous vous imaginez que c'est pour mon plaisir que je l'attaque comme vous le dites, ou plutôt que je lui parle comme il le mérite, ce qui est plus juste ? Est-ce que vous croyez que je cherche mes railleries et que je les aiguise ? Elles me montent du cœur spontanément, irrésistiblement. Il a des qualités, dites-vous ; je ne les nie pas ; seulement, quand il est devant moi, je ne vois que ses ridicules, et alors ça part, ça part ; encore un coup, à qui la faute ? A lui et à vous. Pourquoi est-il ainsi ? Pourquoi l'avez-vous épousé ?

— Au lieu de le poursuivre de vos attaques, que ne mettez-vous votre séjour à profit pour l'étudier, vous verriez pourquoi je l'ai épousé.

— Je vous dis que s'il a des qualités, — des qualités qui ont fait votre mariage, — je ne les vois pas, c'est donc comme s'il ne les avait pas, tandis que ses ridicules, ses défauts, ses vices, ses hontes, ses ignominies me sautent aux yeux et me les crèvent. C'est plus fort que moi, il me fait horreur. Je suis calme, de belle humeur, je ne pense pas à lui ; tout à coup je l'entends où je l'aperçois, je suis bouleversée, horripilée. Malgré moi, quoique je veuille, je me hérisse comme un porc-épic, je montre les dents comme un chien hargneux, je suis... enfin, je suis ce que très justement vous me reprochez, et ce que..., je l'avoue, je voudrais ne pas être.

C'était la première fois, que depuis son mariage Hériberte provoquait sa mère à un entretien aussi franc et aussi complet sur son mari. Elle fut effrayée de cette explosion de haine qui dépassait bien évidemment ce qu'elle avait redouté.

— Il ne serait pas votre mari, continua madame de Colbosc, que ses sottises et ses ridicules m'auraient éloignée de lui, si je l'avais rencontré quelque part, comme on se détourne d'une bête répulsive. Mais il est votre mari ; mais il me déshonore, il déshonore ma race ; vous portez son nom ; vous pouvez avoir un enfant de lui en qui se trouvera mêlé le sang de Colbosc et celui... des Guillaumanche. Et vous voulez que je sois calme, que je contienne l'expression de mon mépris et de ma haine. Vous voulez que je lui fasse bon visage quand je voudrais qu'il fût mort.

— Ma mère !

— Vous savez bien que je ne suis pas de celles qui demandent à Dieu ses bénédictions pour leurs ennemis ; et cet homme est mon ennemi, le plus terrible que je puisse avoir, puisque tant qu'il sera de ce monde il n'y aura plus pour moi ni bonheur, ni honneur, ni fierté, ni dignité. Entre ma vie et la sienne, j'aime mieux la mienne. Je serais une hypocrite de tenir un autre langage.

— Nous partirons, dit Hériberte.

— Non, attendez encore ; il y un an que nous ne sommes vues, je voudrais passer quelques jours avec vous, vivre un peu de votre vie comme vous avez vécu de la mienne pendant vingt-six ans ; je m'observerai ; pour vous, je ménagerai cet homme, j'en aurai peut-être la force en me disant que c'est pour vous.

XII

Il fut évident que madame de Colbosc faisait des efforts pour s'observer, comme elle l'avait promis ; elle arriva à prononcer le nom de Guillaumanche sans le couper et plus d'une fois elle se contenta d'appeler Nicole sans ajouter : « Apportez-moi mes pantoufles » ; plus d'une fois aussi elle adoucit une raillerie commencée et retint les insolences déjà sur ses lèvres.

Mais ce à quoi elle n'arriva jamais, ce fut à ce résultat artistique qui consiste à cacher la difficulté vaincue sous une facilité apparente ; toujours l'effort resta visible ; et ce qui le rendit plus frappant encore, ce fut la nouvelle attitude qu'elle prit avec son gendre.

Quand elle le lardait d'épigrammes ou l'assassinait d'une grosse insolence, elle ne le quittait pas des yeux et c'était avec un aigre sourire qu'elle lui assénait ses coups : « A vous, monsieur ; comment trouvez-vous celle-ci ; vous ne parerez pas celle-là ; touché, n'est-ce pas, et au bon endroit ; qu'en dites-vous ? » Et elle triomphait ; elle exultait. Ah ! le misérable !

Maintenant, au contraire, elle évitait de porter les yeux de son côté, comme si du choc de leurs deux regards devait jaillir une étincelle qui mettrait le feu aux poudres ; et quand elle se trouvait, malgré elle, mêlée à un entretien dans lequel il disait son mot, elle baissait la tête sur son assiette ou la tenait obstinément levée vers le plafond ; parfois même elle se cramponnait aux bras de son fauteuil pour ne pas se jeter sur lui. La violence même qu'elle faisait pour se contenir l'exaspérait plus encore. Ne rien dire, le ménager, paraître lui pardonner et l'accepter. Ah ! le misérable !

Et cependant, elle parvenait le plus souvent à fermer ses lèvres comme ses paupières ; mais il y avait des moments où malgré tout, lèvres et paupières s'ouvraient ; où elle oubliait qu'elle voulait passer quelques semaines avec sa fille, cette enfant qui avait été à elle, pendant vingt-cinq ans, et qui maintenant était à ce misérable ; où l'indignation et l'exaspération l'emportaient, et alors le misérable était foudroyé instantanément comme d'un de ces coups de tonnerre que ne précède pas l'éclair.

Que fallait-il pour cela ? Elle ne pouvait pas vivre de la vie de sa fille et de son gendre sans s'y mêler ; elle s'asseyait à la même table que lui ; elle passait les soirées avec lui ; il parlait ; elle ne gardait pas elle-même le silence ; tout leur était contact, c'est-à-dire qu'à chaque instant et à propos de rien des chocs se produisaient.

Pour les éviter, il eût fallu qu'elle fût sourde, qu'elle fût muette, qu'elle fût aveugle, et elle ne pouvait pas l'être, si grande et si constante que fût son application.

C'était la fatalité de leurs deux natures et de la situation qu'en tout et sur tout elle vît, elle pensât précisément le contraire de ce qu'il voyait, de ce qu'il pensait lui-même.

Il disait qu'une fleur était bleue, elle la voyait violette ; un arbre vert pour lui était jaune pour elle.

Il avait le cœur ému pour un récit qu'on lisait, elle le trouvait comique et bouffon.

Ce qui le faisait rire lui donnait à elle envie de pleurer ; ce qui était bien pour lui pour elle était mal ; ce qu'il applaudissait, elle le blâmait ; ce qu'il aimait, elle le détestait.

Et cela se reproduisait à propos de tout, aussi bien pour ce qui était insignifiant que pour ce qui était d'une importance capitale : il fermait une fenêtre, elle étouffait ; il l'ouvrait, elle était glacée ; la lampe dont il montait la mèche l'éblouissait ; celle qu'il baissait faisait la nuit noire ; la viande crue pour lui était desséchée pour elle ; elle déclarait blet le fruit qu'il ne trouvait pas mûr ; quand il était assis, elle était irritée de la façon dont il se tenait, quand il était debout, de la façon dont il marchait ; le matin il avait des bottes qui faisaient trop de bruit, le soir, les souliers qu'il mettait n'en faisaient pas assez. Etait-il supplice comparable à celui qu'elle endurait, qu'elle s'imposait ?

Il n'y avait pas que dans les choses qu'elle trouvait des motifs d'exaspération, les personnes aussi qui venaient à La Senevière lui étaient des occasions de colère, même celles pour lesquelles elle avait habituellement de la considération ou du respect, et qui, par le fait seul de franchir la porte d'un Guillaumanche, perdaient les qualités ou les vertus qu'elle leur avait toujours reconnus quand elle les recevait à l'hôtel de Colbosc. Ne fallait-il pas que le comte de la Roche-Odon, ce modèle d'honneur, de droiture et de fierté, fût tombé en enfance pour accepter l'invitation de M. Guillau...manche. Et le marquis de Courtomer, sa manie de donner aux arbres une forme conique l'avait donc rendu tout à fait fou ; au reste, rien d'étonnant à cela, c'était la punition providentielle de son sot mariage. De même pour M. de la Villeperdrix. De même pour les autres. Leur venue dans cette maison avait été une épreuve qui les avait fait juger, et durement ; elle en avait bien le droit sans doute, puisque c'était des gens de son monde. Avait-elle assez souffert de les voir, pendant leur séjour à La Senevière, aimables, polis, gracieux avec Guillaumanche, comme ils l'auraient été avec un de leurs pairs ! Et tout simplement parce qu'il était riche. Quel corrupteur que l'argent !

Si elle était sévère pour les gens de son monde, pouvait-elle ne pas l'être pour ceux qui étaient du monde de Guillaumanche ? des industriels, des enrichis, des bourgeois : quelle clique, bon Dieu ! quelles têtes, quels ridicules ! Allait-elle se taire quand on parlait d'eux ? Celui-là n'était-il pas assez bête ! Et celle-là était-il possible de trouver plus vulgaire qu'elle ! Et ce sot, et cet imbécile, et ce coquin, ils étaient dans un bel état quand ils lui avaient passé sous la dent. Bien entendu, elle ne cherchait pas à fâcher Guillaumanche avec eux ni à les éloigner ; que lui importait qu'il les vît ou ne les vît point ; si elle s'exprimait avec cette franchise sur leur compte, c'était parce qu'elle les jugeait ainsi, par amour de la vérité, simplement.

De même c'était l'amour de la vérité qui lui faisait dire, avec la même franchise, que les deux ou trois camarades que Nicole avait parmi les jeunes filles du voisinage étaient des sottes et des nullités sans intelligence, sans manières et sans cœur, qu'on pouvait voir quelquefois par hasard, mais avec lesquelles il était impossible de faire commerce d'amitié.

XIII

Ces dissentiments sur les choses et les gens étaient bien plus accentués encore sur les idées, et il était bien certain que si on avait pu soumettre les unes après les autres toutes celles qui sont du domaine de l'esprit humain à madame de Colboso et à Guillaumanche, on n'en aurait pas trouvé une seule qui leur eût été commune.

Libre de suivre sa seule inspiration, Guillaumanche aurait subi toutes les idées de sa belle-mère, sans que jamais un mot d'opposition sortît de sa bouche, et sans qu'un signe si faible qu'il fût montrât jamais qu'il ne les acceptait pas : au fond, que lui importait ; entre lui et madame de Colboso il ne pouvait pas être question de sentiments, il n'y avait qu'une attitude, et celle qu'il aurait voulu adopter en tout et pour tout, c'eût été la soumission la plus complète.

Mais Hériberte n'avait pas admis qu'il en pût être ainsi : si elle voulait que la paix régnât entre sa mère et son mari, ce n'était pas une paix à tout prix, dans laquelle la dignité de son mari serait sacrifiée ; il était chez lui ; il avait des droits qu'il était de son devoir à elle de faire respecter.

Sans doute la nuance était difficile à observer entre une soumission qui serait une abdication et une résistance qui serait une révolte, mais avec de l'attention et du tact on pouvait espérer réussir.

L'attention, Guillaumanche pouvait la promettre ; mais le tact ! Quand devrait-il parler ? Quand devrait-il se taire ? Le mieux n'était-il pas de se taire toujours.

Mais elle ne l'avait pas permis, et pour le rassurer, pour le soutenir il avait été convenu qu'il ne prendrait la parole que lorsqu'elle lui ferait un signe ; ce ne serait pas d'un discours qu'il s'agirait, mais seulement d'un mot aussi court, aussi discret que possible, qui sauvegardât sa dignité.

Tant que madame de Colbosc discourait sur la corruption du temps, sur son infamie, sur sa bêtise, Hériberte restait impassible, et Guillaumanche, qui écoutait sa belle-mère en ne quittant pas sa femme des yeux, ne disait rien. Qu'importait que madame de Colbosc méprisât le temps dans lequel elle vivait, et regrettât celui où avaient vécu ses pères ; il n'y avait là rien de personnel, au moins en thèse générale, c'était une opinion comme une autre, qu'elle avait bien le droit de professer, comme il avait le droit de se dire tout bas qu'à ce beau temps si plein de mérites il en préférait un autre, celui où il lui avait été permis de devenir, lui vilain, le mari de mademoiselle de Colbosc.

De même quand madame de Colbosc soutenait que le progrès n'était qu'un mot vide de sens, bon tout au plus pour les imbéciles, qu'au lieu d'innover et de se jeter dans le hasard, la sagesse consistait dans la fidélité aux lois et aux usages de ses pères, Hériberte ne bougeait pas davantage et Guillaumanche continuait à rester muet. S'il ne pensait pas là-dessus comme sa belle-mère, en somme peu importait ; et il n'allait pas la contredire, quand poursuivant la démonstration avec preuves à l'appui, que pour sa fille elle avait la générosité d'emprunter aux arts ou aux lettres, elle affirmait que depuis Quentin, Metsys, Memling, Massaccio, il n'y avait plus de peintres, que depuis Racine on n'écrivait plus, que la sculpture finissait à Jean Goujon. Cela lui était parfaitement indifférent et Metsys pas plus que Jean Goujon n'occupait ordinairement son esprit.

Mais madame de Colbosc ne s'en tenait pas toujours aux généralités ; quand elle déclarait qu'il n'y avait plus que des coquins et des imbéciles, et qu'elle ne connaissait personne qui n'eût l'intérêt personnel pour unique religion, le doigt d'Hériberte se levait d'un mouvement imperceptible pour tous, et Guillaumanche devait intervenir.

— Je vous assure, madame, que je connais de braves gens qui ne sont pas des coquins.

— Alors, ce sont des imbéciles.

— ... Ni des imbéciles, et qui ne sont pas des égoïstes.

— Alors, ce ne sont pas des bourgeois : est-il espèce plus sotte, plus nulle que celle des bourgeois ; et quand on pense que c'est elle qui gouverne la France ! Où la conduiront-ils, ces brutes qui ne voient pas plus loin que le bout de leur nez ? Au reste, j'ai tort de m'emporter ; nous ne pouvons pas nous comprendre.

Ces jours-là, la colère sourde de madame de Colbosc allait jusqu'à l'exaspération. Comment, il osait lui résister ! Et c'était elle qui cédait ! C'était elle qui se taisait ! Était-il possible qu'elle en fût arrivée jusqu'à ce degré de faiblesse ? Où s'arrêterait-elle ?

Rien ne la débarrasserait donc de lui ? N'aurait-elle pas la chance qu'il se tuât ? Il pouvait se noyer. Il pouvait recevoir un coup de pied de cheval. Il pouvait être écrasé par une voiture. Un arbre pouvait s'abattre sur lui. Le tonnerre pouvait le foudroyer. N'y a-t-il pas toutes sortes de morts accidentelles, c'est-à-dire providentielles ? Sans compter qu'il pouvait mourir dans son lit de maladie, comme tant d'autres ; il y a des êtres utiles à tous qui trop souvent meurent ainsi, pourquoi celui-là, qui était nuisible à tous, serait-il épargné ? N'avait-elle pas eu une vie assez malheureuse pour que Dieu la prît enfin en pitié ? Qu'il la débarrassât de ce misérable, elle ne demanderait plus rien ; et chaque soir c'était un vœu qu'elle ajoutait à sa prière, car étant assez paresseuse au lit, elle faisait avec une foi moins ardente celle du matin.

Il y avait une quinzaine qu'elle était à La Senevière lorsqu'elle crut que sa prière allait être exaucée : Guillaumanche qui était sorti pour visiter ses moissonneurs, fut surpris loin du château par un orage qui pendant une heure lui tomba sur le dos. Le lendemain il avait une courbature et le surlendemain le médecin du village qu'on avait appelé craignait une fluxion de poitrine.

— Une fluxion de poitrine ! Mais on en meurt très bien d'une fluxion de poitrine.

Madame de Colbosc ne voulut pas qu'on s'en tînt au

diagnostic de ce petit médecin, et sur ses instances, Hériberte envoya chercher Evette, à Condé.

— Examinez bien M. Guillaumanche lui dit madame de Colboso, lorsqu'il arriva, non superficiellement mais à fond.

Elle insista en le conduisant :

— A fond, n'est-ce pas ?

Elle n'entra pas avec lui dans la chambre, mais elle le guetta et le reprit à sa sortie ?

— Eh bien ?

— Ce ne sera rien, une fausse fluxion de poitrine, dans trois jours il sera sur pied.

— Dans trois jours ! Mais la constitution générale ?

— Excellente, bâti pour vivre cent ans, un sang riche.

— Un sang de paysan, pardi !

— Il a quelquefois du bon.

— Cent ans ! il peut vivre jusqu'à cent ans !

A ce moment Hériberte, retenue auprès de son mari, sortait de la chambre pour rejoindre Evette, elle entendit cette exclamation, et au ton avec lequel elle était jetée, la déception, l'accablement qui l'accompagnaient lui firent comprendre que ce qu'elle avait cru être de l'intérêt et de la sollicitude chez sa mère quand celle-ci avait voulu qu'on appelât Evette, était un tout autre sentiment.

XIV

De toutes les personnes qui venaient au château, une seule avait trouvé grâce devant madame de Colbosc, c'était le comte de La Senevière; alors que sur lui il y avait tant à dire, elle ne disait rien; si elle parlait, c'était pour le plaindre; encore jamais ses plaintes n'allaient-elles sans un mot d'éloge.

A la vérité, il avait été un temps où elle le voyait sous un autre point de vue et où elle parlait de lui différemment, mais alors, comme Hériberte n'était pas mariée, il ne fallait pas qu'on pût supposer possible un mariage entre sa fille et un homme aussi complètement ruiné que le comte; cela serait mauvais pour les mariages riches qu'elle préparait et qu'elle continuait malgré tout à espérer.

Maintenant que ce danger n'était plus à craindre, elle n'avait pas de raisons pour ne pas rendre au comte ce qui lui était dû, et c'était largement, généreusement qu'elle lui payait sa dette.

Jamais elle ne parlait de lui sans un élan de sympathie d'autant plus frappant qu'il contrastait avec l'amertume qui assaisonnait ses propos ordinaires sur le compte de chacun.

— Ce pauvre Juste !

Il avait toutes les qualités ce pauvre Juste : la naissance, la distinction, l'élégance, la pauvreté.

Car la pauvreté était une qualité pour madame de Colbosc, maintenant qu'elle n'avait plus à en souffrir.

— Ce brave Juste !

Il n'avait pas eu la lâcheté de faire un mariage d'argent; il n'avait pas vendu son nom; il vivait noblement, stoïquement, dans sa tour, ruiné, misérable à faire pitié aux bourgeois; et il avait trente ans; et il était beau ! Quel exemple il donnait à des gens qui blâmaient sa jeunesse orageuse, et qui ne le valaient point ! N'était-ce point un modèle de droiture, de dignité, de fierté ?

Elle avait voulu la voir de près cette tour qu'elle ne connaissait que pour avoir longé en voiture les étangs de la Vivanderie, et elle avait manœuvré de telle sorte que M. de La Senevière avait dû l'inviter à visiter sa ruine, elle, Hériberte, Guillaumanche et Nicole.

Hériberte avait manifesté l'intention de rester chez elle, mais madame de Colbosc ne l'avait pas permis.

— En ne venant pas chez M. de La Senevière vous auriez l'air d'agir par discrétion, pour ne pas le voir dans sa pauvreté; si fièrement qu'il la porte, cela lui serait une humiliation.

Cette visite avait été un émerveillement pour madame de Colbosc; dès l'arrivée elle avait poussé des exclamations qui chez elle, toujours si réservée dans ses expansions, étaient un peu bien extraordinaires :

— Mais c'est charmant, ce manteau de lierre ! Quelle originalité dans la situation sur ce promontoire, au milieu de ces eaux sombres ! Et ces grands arbres ! Et ces machicoulis ! Qui demeure maintenant dans une maison à machicoulis ! Avec un peu d'imagination on se croit transporté en plein treizième siècle !

Si l'extérieur avait un certain charme, ou tout au moins du pittoresque, l'intérieur était d'une simplicité tout à fait primitive, car le mobilier n'était autre que celui que les La Senevière entretenaient dans cette maison au temps où elle servait de rendez-vous de chasse, pour y déjeuner quelquefois ou pour y coucher les nuits d'affût, et ce qu'il en restait aurait été jugé insuffisant par un garde : dans la cuisine une huche, un buffet, une table, et deux bancs à dossier; dans la pièce qui était à la fois la salle à manger et le salon un grand dressoir vide, une grande table, des chaises massives en bois de chêne que personne n'avait jamais pu briser, une vieille bergère, recouverte de cuir estampé, enfin dans la haute cheminée à manteau deux landiers de très grande taille, terminés à leur partie supérieure en corbeille pour chauffer les assiettes. C'était tout. Point de rideaux aux fenêtres vitrées de verre en cul de bouteille. Point de lambris, point de papier aux murs simplement enduits de mortier de chaux. Le seul ornement de ces murs nus était un râtelier où se voyait une collection d'armes que le comte avait sauvée de l'hôtel des ventes : des fusils, des carabines, des pistolets de tir, non des objets de luxe ou de curiosité, mais des instruments de travail, les outils avec lesquels il gagnait sa vie, qui sans eux eût été celle d'un légumiste : cette carabine de Devisme avait mis au saloir un sanglier qui durait depuis six mois; ce fusil à canons courts qu'on pouvait cacher sous un vêtement était celui des expéditions mystérieuses, le grand exterminateur du gibier de Guillaumanche et de la forêt de l'État; ces deux autres qui portaient la marque des meilleurs armuriers anglais, étaient ceux des expéditions permises.

Bien que le cuir de la bergère fût terriblement noirci par le temps et par l'usage, madame de Colbosc voulut s'asseoir sur son coussin : n'était-elle pas vénérable !

Et aussitôt installée, elle accabla La Senevière de compliments qui, pour enthousiastes qu'ils fussent, n'en étaient pas moins sincères; elle était vraiment heureuse de trouver quelqu'un, presque son égal pour la naissance, aussi misérable qu'elle l'avait été, et même plus, puisqu'il vivait au fond des bois.

— Quelle originalité ! il n'y a que vous, mon cher comte, pour organiser une pareille existence. Est-ce assez poétique ! Est-ce assez digne ! Quel exemple pour ceux qui frappés par la fortune sacrifient leur honneur ou leur foi !

— Certes, dit La Senevière avec un sourire, cette existence a du charme à la fin de l'été, quand la chasse est ouverte; mais l'hiver, tout seul par le brouillard, dans cette île, à mon âge, les journées sont un peu longues et vides.

Ce fut à madame de Colbosc qu'il adressa cette réponse, mais il glissa vers Hériberte un regard qui parut vouloir souligner ces derniers mots.

— Il n'y a pas que la chasse qui occupe l'été, il y a aussi les relations de voisinage, continua madame de

Colbosc, et vous savez, mon cher comte, que nous sommes tous heureux de vous voir...

— De vous avoir, insista Guillaumanche qui avait la certitude de n'être pas pris à partie, au moins directement, quand un étranger s'asseyait à sa table.

— Et vous nous donnez trop rarement ce plaisir, acheva madame de Colbosc.

XV

Il fut bientôt de règle que « le brave Juste » vînt tous les jours à la Senevière ; quand ce n'était pas pour déjeuner ou dîner sur une invitation de Guillaumanche, c'était pour jouer à l'écarté avec madame de Colbosc.

Pendant vingt-cinq années, un des plus durs sacrifices de celle-ci avait été de renoncer aux cartes qu'elle aimait passionnément ; mais comment s'exposer à perdre l'argent qu'elle n'avait pas, ou comment avouer sa détresse en ne jouant pas de l'argent. Elle avait donc renoncé au jeu. Mais depuis le mariage d'Hériberte, elle avait eu la joie de le reprendre, et les cartes creusaient tous les mois une assez grosse brèche à sa pension sans qu'elle s'en plaignît, car en belle joueuse qu'elle était, elle faisait passer le plaisir du jeu avant celui du gain. En quittant Condé pour La Senevière, elle avait cru que pendant son séjour chez sa fille elle n'aurait guère l'occasion d'entendre le flic-flac des cartes : Hériberte n'avait jamais voulu jouer; Guillaumanche faisait profession de mépriser le jeu ; d'ailleurs l'eût-il aimé qu'elle ne se fût jamais abaissée à accepter pour partenaire un homme comme lui ; c'eût été déshonorer les cartes. Elle était donc arrivée résignée à cette privation, ne comptant que sur quelques hasards heureux qui lui apporteraient de temps en temps peut-être une soirée de whist.

Mais l'assiduité « du brave Juste » avait changé la situation : il aimait les cartes, au moins autant qu'elle les aimait elle-même, et bien qu'on ne devinât pas où il pourrait dénicher son enjeu, il s'était très gracieusement offert le jour où elle avait manifesté le regret de n'avoir personne pour lui faire vis-à-vis. Et il avait déniché cet enjeu, modeste il est vrai, mais d'autant plus suffisant qu'il avait constamment gagné, sinon toutes les parties, ce qui eût été par trop extraordinaire en même temps que par trop décourageant, au moins de façon à ne se retirer jamais sans un certain bénéfice.

Tous les jours madame de Colbosc avait donc la joie de s'asseoir devant un tapis vert après son déjeuner et de donner des cartes au comte de La Senevière ou de lui en refuser. Pendant que les autres avaient la niaiserie de se fatiguer en d'inutiles promenades, brûlés par le soleil, aveuglés par la lumière, elle s'installait dans une pièce à l'ombre, et les fenêtres ouvertes, respirant l'air frais qu'apportait la brise, regardant au loin le rayonnement de la chaleur sur les chaumes et sur les blés qui restaient encore debout, elle abattait tranquillement ses cartes; le silence n'était troublé que par les quelques mots sacramentels qu'ils échangeaient de temps en temps : « En donnez-vous? Combien? — Le roi. »

— Le brave Juste ! disait-elle en racontant ses misères ; ce que c'est que d'être né ; où trouverait-on un jeune homme qui viendrait s'enfermer tous les jours avec une vieille femme, ailleurs que dans notre monde ?

Il est vrai qu'elle ajoutait aussitôt :

— Sans doute il aime les cartes et c'était pour lui une dure pénitence que d'en être privé.

Quoiqu'il aimât réellement les cartes, comme le disait madame de Colbosc, et quoique le bénéfice avec lequel il se retirait chaque jour arrivât à propos pour sa détresse, il n'aurait certes pas été aussi assidu « le brave Juste », s'il n'avait eu pour l'attirer que les charmes de la conversation de la marquise et les tentations d'un éternel écarté avec une vieille femme.

Mais il y avait une jeune femme à la Senevière, et celle-là avait fait travailler son imagination.

Elle n'était vraiment pas mal cette voisine! Assurément il avait aimé mieux que ça, des femmes de plus de chic, qui avaient une autre désinvolture, plus de brillant, plus d'éclat mondain et qui par leur situation, leurs relations pouvaient faire honneur à leur amant ; mais à la campagne il ne fallait pas être trop difficile et dans tous les cas elle valait mieux que les paysannes après lesquelles il courait et qu'il n'attrapait pas toujours d'ailleurs.

Qu'il n'attrapât point celle-là, la pensée ne lui en était même pas venue ; elle n'était point une de ces vulgaires paysannes ignorantes ou sottes : mieux que personne elle savait ce qu'il était, ce qu'il valait ; et dans les hommes qu'elle recevait, elle n'en trouverait point qui, comme lui, fût son égal par la naissance. Ne semblait-il pas qu'ils eussent été faits l'un pour l'autre ; dans leur voisinage n'y avait-il pas comme une sorte de prédestination ?

Une autre pensée encore qui ne lui était pas venue davantage lorsqu'il avait commencé à s'occuper d'elle, c'était qu'elle pût aimer son mari.

Guillaumanche !

Le nom disait tout : ce parvenu, ce balourd, ce fils de paysan, ce député !

D'ailleurs, qu'une femme aimât son mari, il ne croyait pas à cela, ce serait ridicule, et par sa naissance Hériberte était à l'abri du ridicule. A la vérité, elle l'avait épousé. Mais au lieu de l'en blâmer, il l'en estimait. Ce mariage était celui d'une fille avisée, qui avait dû compter sur des compensations au sacrifice qu'elle s'imposait en devenant madame Guillaumanche. Il lui en offrirait quelques-unes.

Il n'était pas assez maladroit pour ne pas voir que Guillaumanche aimait sa femme et ce que celle-ci était pour son mari. Mais il n'y avait là rien de quoi l'inquiéter dans ses projets.

Que Guillaumanche aimât cette belle fille, quoi de plus naturel ? Il aurait fallu qu'il fût imbécile pour vivre indifférent auprès d'elle ; n'avait-elle pas tout pour être adorée par un homme comme lui un peu bêta et de complexion tendre : la jeunesse, la supériorité de l'intelligence, de l'éducation et du rang?

Qu'elle aimât son mari, ou plus justement qu'elle se conduisît de façon à lui prouver qu'il était aimé, quoi de plus naturel et de plus logique aussi? Un homme riche qui épouse une fille pauvre, plus jeune que lui, est sûr à l'avance d'être comblé des témoignages d'une tendresse démonstrative. Elle soignait le testament de son mari et caressait adroitement la main qui devait l'écrire, c'est-à-dire que la caresse obligée devait fatalement la conduire au désir de la caresse spontanée.

Le désir était-il déjà né? ou devait-il naître bientôt? autrement dit, avait-elle un amant ou bien était-elle disposée à en prendre un? Une lettre reçue d'un de ses amis de Paris l'avait jusqu'à un certain point rassuré.

« Quelle est à Paris la vie de ta voisine? Celle d'une femme intelligente qui n'a d'autre souci que de faire un homme de son mari. Lorsque la fortune a bombardé celui-ci à la Chambre, une troupe d'aventuriers, de bohèmes du journalisme et de la politique s'est abattue sur lui, chacun s'ingéniant de son côté à mettre la main sur la clé de sa caisse, mais tous se réunissant et s'associant pour faire autour de lui une réclame éhontée, une vraie parade de baraque de foire : les salons de Guillaumanche, les dîners de Guillaumanche, les chasses de Guillaumanche; les mots spirituels de Guillaumanche; un peu plus on eût vendu ses trois cents calembours pour un sou. Aussitôt mariée, elle a sévèrement consigné cette cohue et n'a plus reçu que des gens choisis parmi ceux qui peuvent être utiles à son mari; la salle à manger est devenue un salon; ses dîners ont réuni toutes les semaines un petit nombre d'hommes en vue dans le monde politique comme dans le monde de la science et des arts; on a cessé de parler de son mari dans les journaux, ou, quand on l'a nommé ça a toujours été à propos et quand il y avait en quelque sorte nécessité ou convenance à imprimer son nom. Enfin, la conduite et le manège d'une femme qui a un but auquel elle marche d'un pas lent, mais adroit autant que sûr. Tu dois comprendre qu'une pareille femme ne va pas s'embarrasser d'amants qui la feraient dérailler. En tous cas, on ne lui en connaît point; et même on ne lui en soupçonne point; sans doute, elle aime la gloire, ou plutôt l'ambition. »

Qu'elle fût ambitieuse, il l'admettait, puisque c'était l'ambition qui avait fait son mariage, mais cela n'empêchait nullement qu'elle voulût d'autres satisfactions, alors surtout qu'elle pourrait se les donner dans la sécurité de la vie de campagne, sans risquer de compromettre la situation qu'elle visait.

Plus il pensait à elle dans ses longues heures de solitude, quand il marchait dans le silence des grands bois déserts, ou quand il restait à rêver au bord de son étang, plus il se persuadait qu'elle devait fatalement, un jour ou l'autre, prendre un amant : tout l'y poussait, l'y obligeait : sa jeunesse, son mariage avec un homme ridicule, enfin sa situation même de femme qui n'a pas d'enfants alors que son intérêt exige qu'elle en ait n'importe comment, n'importe à quel prix, et des enfants solides, bâtis pour vivre.

Et cet amant, il fallait que ce fût lui, non seulement parce qu'il commençait à en avoir assez des paysannes qui lui tombaient de temps en temps sous la main, mais encore parce que dans cette liaison il trouverait sûrement un moyen de recommencer la vie, — le seul sur lequel il pût désormais fonder quelque espérance.

Aimé par elle, — et il saurait se faire aimer assez solidement, assez passionnément pour que rien ne pût rompre sa liaison, — il rentrerait avec elle à Paris; pourrait-elle accepter qu'il restât dans sa tour, perdu au fond des bois, quand elle reprendrait sa vie brillante ? elle le voudrait près d'elle et il faudrait bien alors qu'elle inventât, pour lui rendre le séjour de Paris possible des combinaisons qu'il se laisserait imposer par amour.

Une fois à Paris, et ayant aux mains la possibilité de s'y maintenir, il était sauvé; s'il avait perdu sa fortune, il avait au moins gagné l'expérience, et les maladresses qui avaient surpris sa jeunesse, il ne les recommencerait point.

Ce serait la revanche qu'elle lui permettrait de jouer, et cette fois il ne serait pas assez naïf pour ne pas aider à la chance.

XVI

Ce que personne n'avait deviné, Hériberte l'avait vu dès la première visite de La Senevière, et elle n'avait pas eu un instant de doute sur le sourire dont il l'avait enveloppée, pour elle aussi clair que s'il avait été accompagné de paroles : « Vous êtes une jeune et jolie femme ; je suis jeune aussi et assez beau garçon ; vous ne pouvez pas aimer votre mari ; vous devez désirer un amant ; je me mets à votre disposition et vous préviens que, quand le cœur vous en dira, vous me trouverez là : un signe, un sourire, un mot, un serrement de main, et je suis à vous. »

Ce langage se traduisait d'autant plus facilement que, depuis son mariage, elle l'avait déjà entendu plus d'une fois : « Vous ne pouvez pas aimer votre mari, me voilà. » C'était le salut qui l'avait accueillie à son entrée dans le monde parisien, comme c'était celui qui l'accueillait à son arrivée à la campagne : « Une femme comme vous ! Un mari comme le vôtre ! Un homme comme moi ! » Il n'était pas le seul de son espèce, le comte de La Senevière, et d'autres bâtis sur ce modèle l'avaient précédé. Si la première fois elle n'avait pas compris le sens de ces sourires, il ne lui avait pas fallu longtemps pour deviner ce qu'ils exprimaient, préparée qu'elle était par ses années de misère à ce langage muet ; combien souvent quand chez son oncle ou chez ses amis elle s'était trouvée en compagnie de jeunes hommes à marier, M. de Nyvernaux, La Senevière lui-même et beaucoup d'autres, avait-elle rencontré des regards qui disaient juste le contraire de ceux qui la poursuivaient maintenant : « Vous êtes une jolie fille, mais si vous comptez sur votre jeunesse, sur votre naissance pour vous faire épouser par moi, vous ne me trouverez jamais disposé à une pareille sottise; dispensez-vous donc de vous mettre en frais pour moi. »

C'était parce qu'elle avait deviné les sentiments de La Senevière qu'elle lui avait fait un accueil plus que froid lors de son premier séjour au château, et c'était pour la même raison que, la seconde année, elle ne lui avait point écrit quand son mari l'avait chargée des invitations à adresser pour le dîner offert à l'évêque de Condé : « M. de La Senevière ne compte plus dans le pays. » Malheureusement, lui qui d'ordinaire n'insistait jamais ne s'en était pas tenu à cette explication, et, bien qu'elle eût appuyé en disant qu'elle avait voulu ne pas amener entre eux des relations déjà trop suivies l'année précédente, il avait tenu à « faire plaisir à M. de La Senevière ».

Aurait-elle dû alors expliquer franchement pourquoi elle ne l'avait pas invité? C'était ce qu'elle s'était demandé depuis. A la vérité, sa première pensée avait été de parler; si elle s'était tue, c'était parce que ce qu'elle avait à dire était délicat devant Nicole, et aussi parce qu'elle craignait d'inquiéter son mari. S'il n'était pas jaloux de profession, cependant ne vivait-il pas dans l'état de sécurité parfaite d'un mari que rien ne peut tourmenter. Tout au contraire, il ne se tourmentait que trop : combien de fois lui avait-il dit : « Vous êtes trop belle, trop jeune, trop supérieure pour un mari qui n'a en soi rien qui vous protège et qui écarte les amants ». Toujours, elle, l'avait-elle rassuré en plaisantant, en lui disant que ces amants que son imagination inventait ne se présentaient point dans la réalité? Allait-elle, à propos de M. de La Senevière, lui avouer que ses craintes vagues, qui jusqu'à ce jour ne reposaient sur rien, étaient sur le point de se réaliser? Si à cet aveu elle trouvait l'avantage d'être débarrassée de M. de La Senevière, n'y aurait-il pas par contre le danger de lui prouver qu'il ne s'était pas trompé dans ses craintes et qu'il n'avait rien en lui pour la protéger, rien pour écarter les amants? N'est-ce pas par vanité, par gloriole de coquetterie, qu'une femme avoue à son mari qu'on lui fait la cour? A quoi bon? N'est-ce pas aller chercher une épée pour tuer une mouche qui vole? Une femme qui est sûre d'elle-même n'a besoin de personne pour la défendre; c'est contre soi qu'on est faible, et cette faiblesse elle savait à l'avance qu'elle n'avait pas à la redouter : il ne lui serait pas difficile de faire comprendre à M. de La Senevière qu'il s'était trompé.

En voyant le changement de La Senevière, elle avait commencé par s'applaudir d'avoir agi avec cette discrétion, il avait compris; il se le tiendrait pour dit.

Mais lorsqu'après l'installation de madame de Colbosc, elle avait vu La Senevière ne plus quitter le château et saisir avec empressement toutes les occasions, jeu, chasses, pêche, promenades, pour être toujours là, elle avait reconnu que le changement dont elle s'était applaudie n'était que dans l'attitude, et que sa discrétion, comme sa réserve, étaient celles d'un homme qui attend son heure et une occasion propice. Elle n'avait pas d'illusion à se faire, à un moment donné il parlerait, car ce qu'il avait été un jour il l'était encore, plus prudent seulement et plus circonspect, mais par cela même précisément plus dangereux.

Que faire?

Libre d'agir à son gré sans avoir à donner à personne les raisons de ses actions, à son mari et à sa mère, elle eût trouvé un moyen, quel qu'il fût, de se débarrasser de cette poursuite qui la blessait et l'outrageait; mais si elle en venait à cet éclat, il fallait qu'elle s'en expliquât avec son mari, et alors ce qu'elle avait voulu éviter s'accomplissait; d'autre part, il fallait aussi qu'elle eût la même franchise avec sa mère et alors quel en serait le résultat. D'avance, elle entendait ses réclamations et ses plaintes : « C'est dans votre imagination que vous avez pris les griefs que vous reprochez à M. de La Senevière; qu'a-t-il dit? qu'a-t-il fait? Ses regards? Une honnête femme s'inquiète-t-elle des regards d'un jeune homme? Pourquoi ne pas avouer qu'il était coupable de me plaire, et que vous l'avez renvoyé de cette maison parce que de tous ceux qui sont reçus, il était le seul avec qui je fusse sur le pied d'égalité. »

XVII

Ce qui rendait difficile la situation d'Hériberte vis-à-vis de La Senevière, c'était surtout le goût très vif, et chaque jour de plus en plus vif, que son mari et sa mère éprouvaient pour le comte.

Avec sa mère, elle n'avait jamais essayé de détourner ce courant sympathique, certaine à l'avance que ce qu'elle dirait et essayerait n'aboutirait qu'à un résultat contraire à celui qu'elle poursuivait. Il en était des gens dont madame de Colbosc s'engouait, comme ceux qu'elle prenait en aversion, tout ce qu'on pouvait lui dire ne faisait que l'enfoncer davantage dans son sentiment; — coquin, disait-on, pour elle c'était un héros; héros, c'était un coquin. Pour attaquer sûrement La Senevière, il eût fallu avoir un fait précis, éclatant, indéniable à lui reprocher, et justement ce fait elle ne l'avait pas.

Avec son mari il en avait été tout autrement, et si elle n'avait pas osé être complètement franche, au moins n'avait-elle jamais manqué de combattre le comte sur tous les points où elle n'était pas obligée à une prudente réserve. Elle ne s'était plus tenue au mot qu'elle lui avait dit lorsqu'il voulait qu'elle l'invitât. « M. de La Senevière ne compte plus dans le pays »; elle avait montré pourquoi il ne comptait plus, non d'après des récits plus ou moins vagues, mais d'après des faits même de caractère, des mots dits par lui qu'elle reprenait et qu'elle expliquait.

— Voulez-vous donc que nous ne voyions plus M. de La Senevière? demandait Guillaumanche surpris de cette insistance.

— Je voudrais que nous le vissions moins.

Et cependant, malgré ce désir nettement exprimé, on ne voyait pas moins le comte, au contraire, on le voyait davantage, plus fréquemment, plus longuement.

Pour la première fois depuis qu'il était marié, Guillaumanche ne partageait pas le sentiment de sa femme, se disant qu'elle était vraiment bien dure pour La Senevière et que son antipathie était plutôt instinctive que raisonnée. Pour lui, il le trouvait le plus charmant compagnon qu'il eût jamais rencontré : toujours disposé à tout ce qu'on voulait; toujours de belle humeur, prenant les choses par leur bon côté, plein d'entrain et d'initiative, gai, bienveillant ou indulgent aux autres; ne disant de mal de personne ou quand il risquait un mot de critique, le faisant plutôt drôle qu'amer; ne montrant nulle envie; parlant de sa ruine et de sa misère en plaisantant; à la vérité trop faible dans sa manière de juger les vilaines actions et de condamner les coquins; peu scrupuleux aussi sur certaines choses, notamment sur les moyens à employer pour se tirer l'embarras; et à cet égard Hériberte avait pleinement raison dans ses observations : mais enfin on n'est pas parfait.

D'ailleurs, il avait cette qualité inappréciable d'adoucir madame de Colbosc, de l'occuper, de la distraire et de la rendre presque supportable. N'ayant des yeux et des oreilles que pour lui lorsqu'il était là, madame de Colbosc ne pensait plus à aiguiser des épigrammes et même il semblait qu'elle ne voyait plus les défauts de son gendre qu'elle oubliait. Cela valait bien qu'on eût de l'indulgence pour ce qui choquait en lui. Comment Hériberte n'en faisait-elle pas la réflexion, ou si elle la faisait, comment n'en était-elle pas touchée? Il ne pouvait pourtant pas le lui dire sérieusement, car il s'était fait une loi de ne jamais parler de sa belle-mère, alors surtout qu'on pouvait croire qu'il la blâmait.

Après avoir voulu tout d'abord allonger les séances de jeu, madame de Colbosc n'avait pas tardé, quand elle avait vu que la chance lui était obstinément contraire, à vouloir les raccourcir : trois heures, quatre heures de déveine presque constante, à la fin cela devenait gênant pour sa bourse, qui se creusait tous les jours, sans se remplir jamais, par les cartes.

Alors, Hériberte avait eu un moment l'espérance d'être débarrassée de La Senevière : si le jeu était abandonné, que viendrait-il faire au château? Au moins quels prétextes aurait-il pour y venir aussi souvent?

Mais cette espérance avait été trompée, et les prétextes ne lui avaient pas manqué, soit qu'il les eût suggérés à madame de Colbosc, ce qu'elle ignora, soit que celle-ci les eût elle-même trouvés.

Un jour qu'elle avait des invités, Hériberte avait eu la surprise d'entendre sa mère soutenir à table, hautement, et d'un ton tranchant qui n'admet pas la plus légère contestation, que les plaisirs qu'elle offrait à ses invités étaient d'une monotonie désespérante, bons tout au plus pour des bourgeois qui après de dures années de travail n'aspirent qu'au repos, mais indignes à coup sûr de gens qui savent ce qu'est la vie mondaine. Toujours la promenade à cheval ou en voiture dans la forêt, à tel ou tel site, c'était bien fastidieux, surtout pour les femmes qui n'y prenaient pas part.

Hériberte avait tout d'abord écouté cette critique avec assez de calme, se disant que sa mère avait besoin de blâmer et que mieux valait après tout que ce blâme tombât sur elle que sur son mari : car c'était elle et ce n'était pas lui qui organisait le programme des distractions offertes à ses hôtes. Mais elle s'était bientôt inquiétée quand elle avait vu que ce blâme n'était pas purement théorique et que sa mère avait d'autres plaisirs à proposer pour remplacer ceux qu'elle critiquait : le jour, le croquet, le *lawn-tennis*; le soir, les petits-papiers, le cotillon et même la comédie de salon.

— Monsieur de La Senevière, vous savez jouer au croquet, n'est-ce pas ? avait demandé madame de Colbosc, adressant sa question au comte à travers la table.

— J'ai su autrefois.

— Et au *law-tennis*?

— Assurément.

— Vous avez conduit le cotillon?

— Souvent.

— Vous avez joué la comédie.

— Je l'ai jouée et je l'ai fait répéter : comédien, régisseur, décorateur, souffleur, j'ai tout été.

—Comment! s'écria madame de Colbosc, nous avons un homme universel et nous n'en profitons pas.

N'étant pas prise à l'improviste, Hériberte aurait pu s'opposer adroitement à l'introduction chez elle de cette nouvelle existence, qui allait rendre l'intimité avec M. de La Senevière plus étroite; mais comment pouvait-elle résister franchement, ouvertement, alors que cette idée était acclamée par tout le monde, même par son mari, même par Nicole, qui cependant d'ordinaire se montrait peu sympathique à M. de La Senevière!

XVIII

Ce qu'Hériberte avait craint se réalisa au delà même de ses craintes : La Senevière ne quitta plus le château ; il arrivait avant midi, et bien souvent à onze heures le soir il n'était pas encore parti.

Pendant tout ce temps, il fallait qu'elle subît sa présence, et si elle parvenait à avoir quelques moments de liberté, jamais elle n'était sûre de ne pas le voir surgir subitement comme un diable de sa boîte : elle traversait un vestibule, il sortait de derrière un angle ou un pilier ; après avoir examiné le jardin, elle se croyait assurée de pouvoir en toute sécurité passer d'une allée dans une autre, tout à coup elle le trouvait devant elle ; ainsi partout.

Quand elle était accompagnée, le danger n'était pas

grand, elle n'avait qu'à subir les politesses de La Senevière ou ses regards dans lesquels il mettait tant de choses que leur expression en était assez confuse; mais quand elle se trouvait seule il en était autrement. Devait-elle reculer? Devait-elle continuer? Elle avait toujours quoi qu'elle se fût dit à l'avance, un moment d'hésitation. Lorsqu'il y avait une chance pour l'éviter, elle la saisissait sans aucun souci de lui montrer sa répugnance à le rencontrer. Mais il y avait des moments où la fuite comme la retraite étaient impossibles, et où il fallait qu'elle courût l'aventure d'un tête-à-tête. Elle n'était pas une enfant et ne se faisait point un épouvantail d'un mot d'amour, bien que ce mot en lui-même, dit par La Senevière, ne put que lui être désagréable et répugnant. Il n'y avait pas que des paroles à craindre de La Senevière, qui n'était ni un timide ni un délicat, mais un homme capable de tout pour réussir, et c'était ce tout qui par son vague même l'effrayait.

Ce qu'elle avait trouvé de mieux, c'avait été d'avoir Nicole près d'elle; et comme Nicole, heureuse d'être avec sa belle-mère, s'était prêtée à cet arrangement, dont elle ne devinait pas d'ailleurs la raison, on les voyait toujours ensemble. Leur mot à l'une comme à l'autre était le même, il n'y avait que le nom qui changeât :

— Nicole, viens-tu avec moi?
— Viens-tu, Hériberte?

Et toujours la réponse était un oui.

Pour passer d'une pièce dans une autre : « Nicole, viens-tu avec moi? » Pour une promenade dans le jardin ou dans le parc : « Viens-tu, Hériberte? »

C'était avec une douce émotion que Guillaumanche voyait cette union de deux volontés, cette intimité qui étaient de deux sœurs s'aimant tendrement, et le mari discutait avec le père la question de savoir à qui en attribuer le mérite ; à la femme, disait le mari; à la fille, répondait le père; il se mettait d'accord en concluant que c'était à toutes deux, à l'une autant qu'à l'autre.

Quant à madame de Colbose, elle trouvait cela ridicule et ne se gênait pas pour le dire nettement à sa fille.

— Que vous a donc fait cette petite ?

Et son antipathie naturelle pour la petite se traduisait par des marques aigres et par des « Nicole, apportez-moi mes pantoufles », qui tombaient dru sur Nicole interdite.

Sans doute, c'était beaucoup pour Hériberte de se trouver, grâce à la présence de Nicole, à l'abri d'une surprise, mais ce n'était pas tout ; Nicole bien que présente, ne la défendait pas des regards passionnés de La Senevière, ni de ses poignées de main, ni de ses frôlements, ni des mille occasions que la vie commune faisait naître, et dont il profitait avec une présence d'esprit vraiment diabolique pour s'approcher d'elle, lui adresser la parole, la prendre à partie, invoquer son témoignage ou son avis, lui tendre la main, lui offrir une fleur, lui porter son manteau; au jeu, lui préparer un coup heureux ou en ménager un dangereux aux adversaires contre lesquels elle jouait.

Que dans une promenade, il y eût un mauvais pas à

franchir, elle était sûre de le voir près d'elle, le poing tendu, le sourire aux lèvres, le regard ému; qu'il s'agît après un repos de se remettre en selle, c'était lui qu'elle trouvait auprès du cheval qu'elle allait monter; du cotillon, avec ses combinaisons et ses surprises, il avait fait un épouvantail pour elle; du jeu des petits papiers, un guet-apens, par les allusions et les équivoques.

En tout, partout, une poursuite incessante qui ne lui laissait ni le repos, ni la tranquillité, ni même l'espérance qu'elle finît un jour ou l'autre. Rien ne le rebutait, rien ne le décourageait, ni la dignité des regards qu'elle fixait parfois sur lui, ni le dédain des accueils qu'elle lui faisait, ni la colère, ni l'ennui, ni la répulsion qu'elle lui marquait chaque fois qu'elle en avait les moyens.

Dans son exaspération et son humiliation, il y avait des moments où elle en venait à se dire que le mieux, serait peut-être de risquer une explication, car les choses ne pouvaient pas se traîner ainsi indéfiniment. Pour son repos comme pour son honneur, il fallait qu'elles prissent fin. D'autres qu'elle pouvaient remarquer le manège du comte et ses regards passionnés. Qu'en penseraient-ils? Qu'en diraient-ils. Elle ne voulait pas être effleurée par la médisance, si peu fondée qu'elle fût.

XIX

C'était cette pensée qui l'occupait une après-midi de septembre qu'elle était sortie avec Nicole, pour aller au-devant de Guillaumanche. Bien que la route qu'elles eussent à parcourir fût assez longue et en pleine forêt, elle n'avait pas hésité à dire à son mari qu'elles iraient au-devant de lui, par un chemin déterminé à l'avance; car, en compagnie de Nicole, elle ne craignait rien; si La Senevière devait l'aborder, ce ne serait, à coup sûr, que lorsqu'elle serait seule et qu'il aurait la certitude de pouvoir dire librement ce qu'il avait à dire; avec Nicole, elle n'avait pas à s'inquiéter de lui.

Cependant comme elles entraient dans le parc, elle avait eu un moment d'émotion.

— Ah! voilà M. de La Senevière, dit Nicole.

— Tu vois M. de La Senevière?

— Là bas au bout de l'allée, sur le banc au pied du tilleul.

Il n'y avait pas à s'y tromper: c'était bien La Senevière assis dans une allée droite qui de l'extrémité du parc aboutissait au perron du château, de sorte que de sa place celui qui avait de bons yeux, et les siens étaient excellents, voyait le mouvement des entrées et des sorties sans que personne pût lui échapper.

Savait-il donc qu'elles devaient passer par là et s'était-il posté sur ce banc pour se joindre à elles au passage?

— Rentrons, dit Hériberte.

— C'est parce que cela t'ennuie d'être accompagnée par M. de La Senevière, dit Nicole.

— Sans doute.

— Cela ne m'amuse pas plus que toi, car tu sais que je le trouve insupportable, M. de La Senevière.

— Pourquoi ne l'as-tu pas dit quand il s'est proposé pour organiser ces parties de *lawn-tennis* et ses cotillons.

— D'abord ce n'est pas lui qui s'est proposé, c'est ta mère qui l'a invité, et quand madame de Colbose dit quelque chose je ne vais pas dire le contraire, n'est-ce pas? Et puis tu sais, personne n'est insupportable pour jouer. C'est pour nous accompagner, c'est pour se fourrer toujours avec nous que M. de La Senevière est insupportable.

— Rentrons, c'est le meilleur moyen de lui échapper.

— Qu'est-ce que dira papa qui compte sur nous, s'il ne nous trouve pas au-devant de lui?

— Veux-tu donc nous exposer à ce que M. de La Senevière vienne avec nous?

— Il ne viendra pas avec nous si nous ne passons pas devant lui; prenons l'allée des Ramiers, il ne saura pas ce que nous sommes devenues.

Il était, en effet, possible de prendre cette allée qui s'ouvrait sur la gauche bien avant d'arriver à lui; Hériberte hésita un moment: une dernière réflexion de Nicole la décida.

— L'allée des Ramiers est tournante; quand même M. de La Senevière accourerait pour voir où nous sommes passées, il ne nous apercevrait pas.

Elles s'engagèrent donc dans cette allée, puis elles prirent un sentier, une autre allée, encore un autre sentier, et ce fut seulement à l'entrée de la forêt qu'elles retrouvèrent le chemin que Guillaumanche devait suivre, et comme La Senevière ne devait pas connaître cette excursion, il n'y avait pas de chances pour qu'il les poursuivît dans ce chemin plutôt que dans un autre.

Elles avaient marché vite, elles ralentirent le pas, maintenant elles n'avaient plus besoin de se presser.

Le temps était chaud; après leur course rapide c'était un plaisir de s'avancer doucement dans ce chemin frais que les grands arbres qui le bordaient avaient voûté de leurs branches entre-croisées; la mousse des bas-côtés était moelleuse au pied; l'air rafraîchi par l'épais couvert était doux à respirer malgré la chaleur du jour; aussi loin que les yeux pouvaient courir sous bois à droite et à gauche, ils ne rencontreraient que le vert tendre des hautes fougères; pas un souffle de vent; pas un bruit de voiture ou de hache; pas un chant d'oiseau; le calme d'une journée sereine dans une belle forêt bien aménagée d'automne.

Tant qu'elles avaient été dans le parc, elles avaient marché en silence de peur que le bruit de leurs voix ne fût un indice pour La Senevière, mais en entrant dans la forêt Nicole, convaincue qu'il n'avait pas pu les suivre, ni deviner leur direction, reprit la parole.

Elle n'aimait point La Senevière, et puisque l'occasion s'en présentait, elle avait plaisir à dire librement tout ce qui lui pesait sur le cœur.

— Tu penses bien que je n'ai pas été assez simple pour ne pas remarquer que tu ne pouvais pas le supporter, M. de La Senevière; mais ce qui m'étonne, c'est que lui, qui n'est pas hôte, ne s'en soit pas aperçu, ou que s'en apercevant il persiste dans ses démonstrations amicales.

Elle regarda Hériberte curieusement, mais celle-ci ne répondit pas; que pouvait-elle dire?

Alors Nicole qui n'insistait jamais, au moins directement, parut passer à un autre sujet :

— Ce qui m'étonne aussi, c'est la tendresse de madame de Colbosc pour M. de La Senevière et l'engouement de papa; car enfin ta mère et mon père doivent bien voir comme je l'ai vu, que c'est sincèrement que tu ne peux pas le souffrir.

Mais elle n'obtint pas la réponse qu'elle espérait, car à ce moment elle respirait une légère odeur de tabac.

— Quand on sent une pipe, dit Nicole s'interrompant, on peut être sûre que Feulard n'est pas loin.

En effet, elles ne tardèrent pas à apercevoir Feulard debout au pied d'un arbre, la main droite appuyée sur son bâton, la main gauche tenant ses reins; son éternelle pipe lui pendait à la bouche.

Jusque-là le chemin avait couru droit à travers bois sur un terrain plat; mais à une courte distance de l'endroit où elles avaient aperçu Feulard, il arrivait à une petite colline aux pentes encombrées de quartiers de granit entre lesquels avaient poussé des genêts.

et des genévriers dont la verdure sombre contrastait avec le feuillage aérien et les troncs blanchâtres des bouleaux.

C'était un changement complet dans le paysage : à la belle forêt plantureuse, riche et puissante succédait une maigre lande aux pentes fleuries de bruyères violettes: et il était brusque ce changement.

Tout à coup, les arbres vigoureux qui enfonçaient leurs racines dans un terrain profond étaient remplacés par des broussailles et des bouleaux qui s'accrochaient aux flancs de la colline pierreuse. Au bas, les eaux qui en descendaient avaient formé une petite mare encombrée de roseaux au milieu desquels chantaient des grenouilles.

— Si tu veux, dit Hériberte en arrivant à cette mare, nous n'irons pas plus loin; je me sens lasse et n'ai nulle envie de monter cette côte en plein soleil; nous attendrons ici que ton père passe.

Justement il y avait, le long du chemin, une triple rangée de troncs d'arbres qu'on avait fait glisser dans une coulée de la colline, et qui restaient là couchés dans l'herbe jusqu'à ce que les travaux des champs permissent de venir les emporter sur des diables.

— Nous pouvons nous asseoir sur un de ces arbres, continua Hériberte.

Nicole ne répondit pas; mais si Hériberte l'avait observée, elle aurait remarqué que cet arrangement n'était pas pour lui plaire. Elles s'assirent et pendant un certain temps elles s'amusèrent à regarder le vol capricieux des libellules sur les eaux de la mare ensoleillées et sur les roseaux; ni l'une ni l'autre ne parlait.

Le soleil baissait à l'horizon et le calme de la belle soirée qui commençait portait au silence et à la mélancolie ; cependant Nicole, au lieu de rester en paix comme Hériberte, creusait des trous dans l'herbe avec le bout de son ombrelle, ou bien décollait des plaques d'écorce d'un arbre qui, en tombant, laissaient apparaître des troupes d'insectes effarés. Tout à coup, elle étendit la main vers le haut de la colline, et montra une petite colonne de fumée bleue qui montait droit dans l'air tranquille.

— Les Papillon sont là-haut qui font du charbon dit-elle.

— C'est possible.

— C'est certain ; on entend le murmure confus de leurs voix ; tu n'as pas envie de les voir.

— Oh ! pas du tout ; j'ai envie de rester où nous sommes en attendant ton père.

— C'est très curieux les meules à charbon.

Hériberte connaissait trop bien Nicole pour ne pas comprendre ce qu'il y avait sous ce langage : « Tu n'as pas envie de les voir ? » voulait dire : « Moi j'ai envie de les voir. »

— Tu veux que nous montions là-haut ? dit-elle.

— Non bien sûr puisque tu es lasse ; mais moi je pourrais monter ; toi tu resterais assise sous ces arbres.

Hériberte regarda vaguement autour d'elle.

— Tu n'as pas à craindre M. de La Senevière, dit Nicole en riant.

— Puis, tout de suite :

— C'est entendu, n'est-ce pas, je vais monter là-haut ; je serai tout près de toi ; tu n'auras qu'à m'appeler, j'accourrais tout de suite.

Le premier mouvement d'Hériberte fut de prier Nicole de rester, mais pourquoi la priver de ce plaisir, évidemment M. de La Senevière n'était pas à craindre et le vît-elle paraître au loin dans l'allée droite qu'elle aurait tout le temps d'appeler Nicole avant qu'il arrivât jusqu'à elle.

— Va, dit-elle.

Et comme Nicole allait partir :

— Surtout ne t'éloigne pas.

— Il n'y a pas de danger.

Nicole avait pris sa course et dans les tournants du chemin Hériberte pouvait la suivre des yeux ; sur la verdure des genêts et des genevriers, son ombrelle rouge que le soleil frappait en plein faisait une tache éblouissante ; de temps en temps, elle disparaissait derrière un bloc de granit mais c'était pour reparaître aussitôt. Elle ne tarda pas à arriver au haut de la colline, alors elle se retourna et se faisant un porte-voix avec ses deux mains arrondies autour de sa bouche.

— Coucou, m'y voilà, cria-t-elle ; ils sont là.

XX

En effet, à l'entrée du plateau qui commence au haut de la montée pour se continuer et se perdre dans les profondeurs sombres de la forêt d'Erouvre, on apercevait une charbonnière avec tout l'attirail nécessaire à la fabrication du charbon; sur une aire plane où le poussier de charbon qu'on appelle la *fraisil* se mêlait à la terre qu'il noircissait, étaient entassés des amas de petit bois coupé régulièrement; çà et là s'élevaient des meules rondes recouvertes de plaques de gazon dans lesquelles des évents laissaient échapper des jets de fumée bleue, blanche ou jaune, selon le degré de combustion du bois qui brûlait; pour les abriter des courants d'air, des clayonnages de genêts les enveloppaient comme des paravents; sur le sol bien tassé des lits minces de charbon nouvellement retirés des meules éteintes refroidissaient; sous des huttes en branchages se dressaient des amas de charbon prêt à être livré; et au milieu de ces meules allaient et venaient affairés à l'ouvrage, un homme, une femme et cinq ou six enfants, — la famille Papillon; dans l'herbe, un cheval qui avait pu être blanc autrefois, mais qui maintenant était noir par plaques, paissait en liberté, allant de touffe d'herbe en touffe d'herbe, — la Grise.

— Ah! voilà mademoiselle Guillaumanche, dit Papillon en apercevant Nicole.

Et il vint vivement au-devant d'elle d'un air de contentement.

— Vous voyez, on est à l'ouvrage.

Un geste large de son bras enveloppa toute la famille qui travaillait autour de lui, la femme et les enfants.

Ce n'était plus l'homme pâle aux yeux sombres et à

la mine hâve qui était apparu sur le seuil de sa maison le jour où il rentrait de prison : les yeux étaient francs et joyeux, et sous la poussière du charbon le teint se montrait sain, hâlé par le soleil, la pluie et le grand air.

— Ça va le travail, vous voyez, mademoiselle, malgré tout, on n'en fait pas assez pour les commandes ; et c'est à vous qu'on doit ça.

— Non à moi.

— A vous, et à votre père bien sûr ; on ne l'oublie pas non plus ; n'est-ce pas, les enfants !

Ils étaient accourus ainsi que la mère ; ce fut celle-ci qui répondit pour eux, tandis qu'ils faisaient un signe affirmatif.

— C'est pour vous dire, continua Papillon, que si jamais vous aviez besoin d'un coup de main, on ne sait pas ce qui peut arriver, n'est-ce pas, eh bien, nous serions là ; c'est vrai, hein, les enfants ?

Ils répétèrent le même signe.

— Quand je pense à ce que je serais sans votre père, et à ce que nous sommes, je me dis toujours : « Ah ça ! Papillon, mon fils, tu ne feras donc jamais rien pour c't'homme-là » ; mais quoi que vous voulez qu'on fasse pour des gens qui ont tout.

— On peut les mettre dans ses prières, dit la mère Papillon, qui était une femme pieuse, et pour ça je vous assure que vous y êtes, ma bonne demoiselle, matin et soir.

L'aîné qui était un grand garçon de dix-huit à dix-neuf ans n'avait jusque-là rien dit, pas plus que les autres d'ailleurs ; cependant il semblait avoir envie de

www.ingramcontent.com/pod-product-compliance
Lightning Source LLC
Chambersburg PA
CBHW071949110426
42744CB00030B/654